Conteúdo digital exclusivo!

Cadastre-se e transforme seus estudos em uma experiência única de aprendizado!

Acesse agora

Portal:
www.editoradobrasil.com.br/crescer

Código de aluno:
1649277A5805286

CB015058

Lembre-se de que esse código é pessoal e intransferível. Guarde-o com cuidado, pois é a única forma de você utilizar os conteúdos do portal.

Editora do Brasil

Katia Mantovani

CRESCER
Ciências

2º ano

Dados Internacionais de Catalogação na Publicação (CIP)
(Câmara Brasileira do Livro, SP, Brasil)

Mantovani, Katia
   Crescer ciências, 2º ano / Katia Mantovani.
– 1. ed. – São Paulo: Editora do Brasil, 2018. –
(Coleção crescer)

   ISBN 978-85-10-06792-8 (aluno)
   ISBN 978-85-10-06793-5 (professor)

   1. Ciências (Ensino fundamental) I. Título.
II. Série.

18-15346   CDD-372.35

Índices para catálogo sistemático:
1. Ciências: Ensino fundamental 372.35
Maria Alice Ferreira – Bibliotecária – CRB-8/7964

1ª edição / 1ª impressão, 2018
Impresso no Parque Gráfico da Editora FTD

Rua Conselheiro Nébias, 887
São Paulo/SP – CEP 01203-001
Fone: +55 11 3226-0211
www.editoradobrasil.com.br

© Editora do Brasil S.A., 2018
Todos os direitos reservados

Direção-geral: Vicente Tortamano Avanso

Direção editorial: Felipe Ramos Poletti
Gerência editorial: Erika Caldin
Coordenação de arte: Cida Alves
Supervisão de revisão: Dora Helena Feres
Supervisão de iconografia: Léo Burgos
Supervisão de digital: Ethel Shuña Queiroz
Supervisão de controle de processos editoriais: Marta Dias Portero
Supervisão de direitos autorais: Marilisa Bertolone Mendes

Supervisão editorial: Angela Sillos
Coordenação pedagógica: Maria Cecília Mendes de Almeida
Consultoria técnico-pedagógica: Margareth Polido e
Maria Regina de Campos
Edição: Luciana Keler M. Corrêa e Rafael Braga de Almeida
Assistência editorial: Ana Caroline Rodrigues de M. Santos
Coordenação de revisão: Otacilio Palareti
Copidesque: Liege Marucci
Revisão: Alexandra Resende, Andréia Andrade, Elaine Cristina da Silva
e Maria Alice Gonçalves
Pesquisa iconográfica: Elena Ribeiro, Jonathan Santos, Léo Burgos e
Maria Magalhães
Assistência de arte: Carla Del Matto
Design gráfico: Andrea Melo
Capa: Megalo Design e Patrícia Lino
Imagem de capa: Márcia Braun Novak
Ilustrações: Douglas Ferreira, Eduardo Belmiro, Estúdio Degradê,
Flip Estúdio, Hélio Senatore, Luiz Eugenio, Marcel Borges, Marcos de Mello,
Mauro Salgado, Paula Lobo, Paulo Márcio Esper, Rafael Herrera,
Rodrigo Alves, Saulo Nunes Marques, Vagner Coelho e Vanessa Alexandre
Coordenação de editoração eletrônica: Abdonildo José de Lima Santos
Editoração eletrônica: Setup
Licenciamentos de textos: Cinthya Utiyama, Jennifer Xavier,
Paula Harue Tozaki e Renata Garbellini
Controle de processos editoriais: Bruna Alves, Carlos Nunes,
Jefferson Galdino, Rafael Machado e Stephanie Paparella

QUERIDO ALUNO,

ESTE LIVRO FOI FEITO PENSANDO EM VOCÊ. O CONTEÚDO SELECIONADO E AS ATIVIDADES PROPOSTAS TÊM O OBJETIVO DE AJUDÁ-LO A COMPREENDER DIFERENTES FENÔMENOS QUE ACONTECEM NA NATUREZA.

ESPERAMOS QUE VOCÊ ACEITE NOSSOS DESAFIOS E QUESTIONE, REFLITA, PROCURE SOLUÇÕES E, POR FIM, FAÇA NOVAS PERGUNTAS SOBRE OS FATOS CIENTÍFICOS. ESPERAMOS TAMBÉM QUE ESSAS VIVÊNCIAS SE JUNTEM ÀS SUAS EXPERIÊNCIAS E CONTRIBUAM PARA SEU DESENVOLVIMENTO ESCOLAR.

COM CARINHO,

A AUTORA

SUMÁRIO

UNIDADE 1
OS AMBIENTES 7
- DIFERENTES AMBIENTES 8
  - TIPOS DE AMBIENTES 9
  - GIRAMUNDO – OS AMBIENTES NAS ARTES 11
- COMPONENTES DOS AMBIENTES 12
  - LEIO E COMPREENDO – TAMANHO DAS IMAGENS 13
  - VIDA NOS AMBIENTES 14
  - VOCÊ E... OS SERES VIVOS DOS AMBIENTES 17
  - OS ELEMENTOS NÃO VIVOS 18
- O QUE ESTUDAMOS 21
- RETOMADA 22
- PERISCÓPIO 24

UNIDADE 2
RELAÇÕES ENTRE COMPONENTES DOS AMBIENTES 25
- ELEMENTOS QUE POSSIBILITAM A VIDA 26
- RELAÇÕES ENTRE OS SERES VIVOS 31
- O QUE ESTUDAMOS 35
- RETOMADA 36
  - CONSTRUIR UM MUNDO MELHOR – MINHA ESCOLA, MEU AMBIENTE 38
- PERISCÓPIO 40

UNIDADE 3
AS PLANTAS 41
- CONHECENDO AS PLANTAS 42
  - VOCÊ E... AS PLANTAS 43
  - PLANTAS TERRESTRES E PLANTAS AQUÁTICAS 44
- PARTES DAS PLANTAS 47
  - FLORES E FRUTOS 49
  - TAMBÉM QUERO FAZER – NECESSIDADES DAS PLANTAS – 1 50
  - NECESSIDADES DAS PLANTAS – 2 51
- NECESSIDADES DAS PLANTAS 52
- GRUPOS DE PLANTAS 54
- AS PLANTAS E OS OUTROS COMPONENTES DO AMBIENTE 55
- O QUE ESTUDAMOS 57
- RETOMADA 58
- PERISCÓPIO 60

UNIDADE 4
AS PESSOAS 61
AS PESSOAS SE
DESENVOLVEM 62
O DESENVOLVIMENTO NAS
FASES DA VIDA 63
GIRAMUNDO – SEMPRE
É TEMPO DE APRENDER
E CRIAR 65
O QUE ESTUDAMOS 67
RETOMADA 68
PERISCÓPIO 70

UNIDADE 5
CUIDADOS NA INFÂNCIA 71
BONECOS E CRIANÇAS 72
IMPORTÂNCIA DA SAÚDE 73
IMPORTÂNCIA DA
SEGURANÇA 75
O QUE ESTUDAMOS 77
RETOMADA 78
PERISCÓPIO 80

UNIDADE 6
TRANSFORMAÇÕES DOS
AMBIENTES 81
O SER HUMANO
NOS AMBIENTES 82
AMBIENTES NATURAIS E
AMBIENTES MODIFICADOS 84
TRANSFORMAR PARA
BUSCAR SOLUÇÕES 86
ÀS VEZES HÁ PREJUÍZOS 87
O QUE ESTUDAMOS 89
RETOMADA 90
PERISCÓPIO 92

UNIDADE 7
RECURSOS NATURAIS, MATERIAIS E OBJETOS 93
TRANSFORMAR E UTILIZAR......... 94
RECURSOS NATURAIS.................. 95
MATERIAIS E OBJETOS 97
   FUNÇÃO DO OBJETO E O MATERIAL DE QUE ELE É FEITO 98
PROPRIEDADE DOS MATERIAIS 100
   COMO ERA NO PASSADO? 101
PRESERVAÇÃO DOS RECURSOS NATURAIS...............102
O QUE ESTUDAMOS 105
RETOMADA...........................106
   CONSTRUIR UM MUNDO MELHOR – MAIS DO QUE FALAR, É PRECISO AGIR!.............108
PERISCÓPIO.......................... 110

UNIDADE 8
SOL – CALOR E LUZ........ 111
O CALOR DO SOL 112
   ABSORÇÃO E TRANSMISSÃO DE CALOR.....................................113
   TAMBÉM QUERO FAZER – A ABSORÇÃO DO CALOR 114
   ESTUDO DA SOMBRA.................... 115
A LUZ DO SOL AO LONGO DO DIA 117
O QUE ESTUDAMOS 119
RETOMADA...........................120
PERISCÓPIO............................ 122

REFERÊNCIAS........................123
MATERIAL COMPLEMENTAR..125

UNIDADE 1 — OS AMBIENTES

1. PINTE O AMBIENTE DE ACORDO COM A LEGENDA.

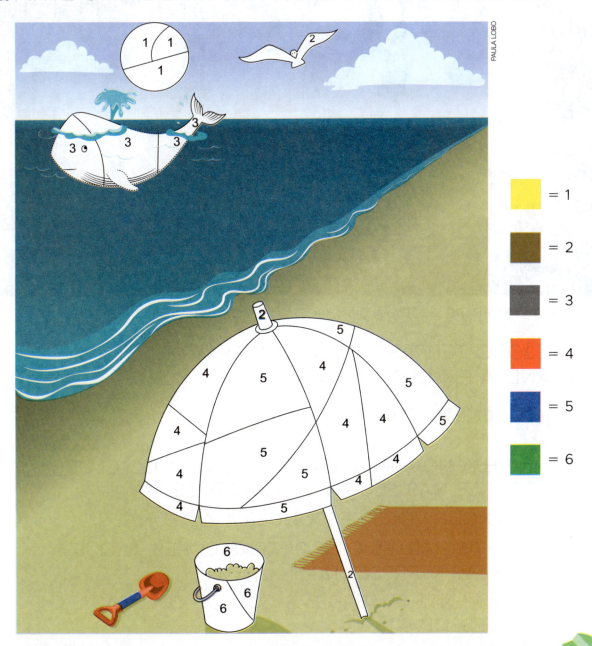

■ = 1
■ = 2
■ = 3
■ = 4
■ = 5
■ = 6

DIFERENTES AMBIENTES

OS ALUNOS DO 2º ANO ESTÃO OBSERVANDO UM **GLOBO TERRESTRE**.

O GLOBO TERRESTRE AJUDA A CONHECER MELHOR O PLANETA.

O GLOBO TERRESTRE É UM MODELO DA TERRA, O PLANETA EM QUE VIVEMOS.

PENSE E CONVERSE

VEJA NOVAMENTE A FOTOGRAFIA DO GLOBO E PENSE NAS SEGUINTES QUESTÕES:

- O QUE VOCÊ RESPONDERIA À ALUNA?
- E AS PARTES COM OUTRAS CORES, O QUE ELAS REPRESENTAM?

COMENTE SUAS IDEIAS COM OS COLEGAS E O PROFESSOR.

TIPOS DE AMBIENTES

NO PLANETA TERRA EXISTEM MUITOS AMBIENTES. ELES PODEM SER DIVIDIDOS EM DOIS GRUPOS: **AQUÁTICOS** E **TERRESTRES**.

AS IMAGENS NÃO ESTÃO REPRESENTADAS NA MESMA PROPORÇÃO.

1. OBSERVE AS IMAGENS ABAIXO. QUE TIPO DE AMBIENTE CADA UMA DELAS MOSTRA?
   - VEJA O EXEMPLO AO LADO E ESCREVA QUE AMBIENTE É MOSTRADO EM CADA FOTOGRAFIA.

AMBIENTE AQUÁTICO.

9

A PARTE AZUL DO GLOBO REPRESENTA A REGIÃO DO PLANETA COBERTA POR ÁGUA. SÃO OS OCEANOS, MARES E RIOS. ELES SÃO **AMBIENTES AQUÁTICOS**.

OS OCEANOS OCUPAM A MAIOR PARTE DA SUPERFÍCIE DO PLANETA TERRA.

AS PARTES DO PLANETA NÃO COBERTAS POR ÁGUA SÃO OS CONTINENTES E AS ILHAS. ELES SÃO OS **AMBIENTES TERRESTRES**. NOS CONTINENTES E NAS ILHAS TAMBÉM EXISTEM AMBIENTES AQUÁTICOS, COMO RIOS, LAGOS E LAGOAS. OBSERVE AS IMAGENS A SEGUIR.

LAGOS NA REGIÃO DO PANTANAL, 2014.

LAGOA PIÇARREIRA. TERESINA, PIAUÍ, 2015.

RETOME AS RESPOSTAS QUE VOCÊ DEU ÀS PERGUNTAS DA PÁGINA 8. VOCÊ CONSIDEROU QUE A PARTE AZUL DO GLOBO REPRESENTA REGIÕES COBERTAS POR ÁGUA E QUE AS DEMAIS CORES REPRESENTAM OS CONTINENTES E AS ILHAS?

GIRAMUNDO

OS AMBIENTES NAS ARTES

VEJA ABAIXO OBRAS DE PINTORES BRASILEIROS QUE RETRATAM DIFERENTES AMBIENTES.

CLODOMIRO AMAZONAS. *RIO DO PEIXE*, S.D. ÓLEO SOBRE TELA, 56 CM × 75 CM.

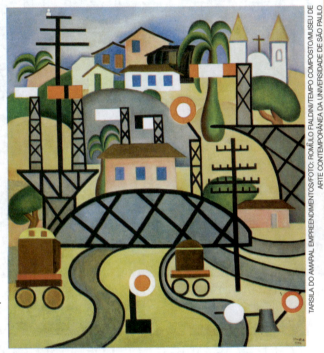

TARSILA DO AMARAL. *ESTRADA DE FERRO CENTRAL DO BRASIL*, 1924. ÓLEO SOBRE TELA, 1,42 M × 1,27 M.

1. FAÇA UM **X** NO QUE VOCÊ VÊ NELES.

AMBIENTE	O QUE VEJO				
	ÁRVORE	RUA	POSTE	RIO	CASAS
URBANO					
FLORESTA					

11

COMPONENTES DOS AMBIENTES

OBSERVE O PARQUE A SEGUIR.

PARQUE DAS AVES. FOZ DO IGUAÇU, PARANÁ, 2014.

1. HÁ ESPAÇOS ABERTOS, COMO PRAÇAS, PARQUES OU BOSQUES, PERTO DE SUA CASA OU DE SUA ESCOLA?

2. VOCÊ COSTUMA VISITAR ESSES LUGARES?

3. QUE ATIVIDADES VOCÊ GOSTA DE FAZER NESSES LUGARES?

4. COM OS COLEGAS E O PROFESSOR, FAÇA UMA LISTA DO QUE EXISTE NO AMBIENTE MOSTRADO ACIMA. QUANDO TERMINAREM, COPIE A LISTA NO CADERNO.

LEIO E COMPREENDO

TAMANHO DAS IMAGENS

1. OBSERVE AS FOTOGRAFIAS ABAIXO.

BESOURO.

ARANHA.

- QUAL DESTES ANIMAIS É MAIOR?

COMO ESSAS IMAGENS PODEM ESTAR AUMENTADAS OU REDUZIDAS, NÃO É POSSÍVEL COMPARAR O TAMANHO DOS ANIMAIS RETRATADOS.

NESTA COLEÇÃO, NAS FOTOGRAFIAS DE SERES VIVOS FOI COLOCADO UM QUADRO COM A MINIATURA DO SER MOSTRADO E UMA BARRA QUE INDICA SEU TAMANHO APROXIMADO.

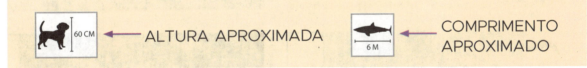

2. AGORA, VEJA AS FOTOGRAFIAS COM OS QUADROS. DESCOBRIU QUAL ANIMAL É MAIOR?

BESOURO.

ARANHA.

O BESOURO É MAIOR QUE A ARANHA, ELE TEM 5 CM E A ARANHA, 1 CM.

VIDA NOS AMBIENTES

AS FOTOGRAFIAS A SEGUIR MOSTRAM ALGUNS COMPONENTES QUE PODEM SER ENCONTRADOS NO AMBIENTE PRAIA.

1. FAÇA UM **X** NAS IMAGENS QUE MOSTRAM OS COMPONENTES QUE TÊM VIDA E PODEM ESTAR EM UMA PRAIA.

AS IMAGENS NÃO ESTÃO REPRESENTADAS NA MESMA PROPORÇÃO.

ESSES COMPONENTES QUE VOCÊ MARCOU SÃO CHAMADOS DE **SERES VIVOS**.

2. JUNTE-SE A UM COLEGA E COMPARE SUAS RESPOSTAS COM AS DELE.

   - O QUE VOCÊS PENSARAM PARA CONCLUIR QUE OS COMPONENTES INDICADOS TÊM VIDA?

O QUE É SER VIVO?

NOS AMBIENTES HÁ DIFERENTES TIPOS DE SER VIVO. AS PESSOAS, OS OUTROS ANIMAIS E AS PLANTAS SÃO ALGUNS EXEMPLOS.

O PIRARUCU É UM DOS MAIORES PEIXES DE ÁGUA DOCE DO MUNDO.

O IPÊ-ROXO (À ESQUERDA) E O ACURI (À DIREITA) SÃO ÁRVORES TÍPICAS DO PANTANAL BRASILEIRO.

UMA CARACTERÍSTICA DOS SERES VIVOS É QUE ELES PASSAM POR UM **CICLO DE VIDA**.

1. LIGUE CADA PARTE DO CICLO DE VIDA DA GALINHA AO DESENHO QUE A REPRESENTA.

   AS CORES UTILIZADAS NA ILUSTRAÇÃO E AS DIMENSÕES DO SER VIVO NÃO SÃO AS REAIS.

NASCE   CRESCE   REPRODUZ-SE   MORRE

15

PARA SER CONSIDERADO VIVO, UM SER DEVE PASSAR PELO CICLO DA VIDA: ELE **NASCE**, **CRESCE**, PODE **REPRODUZIR-SE** E **MORRE**.

OBSERVE O CICLO DE VIDA DE UM PÉ DE TOMATE.

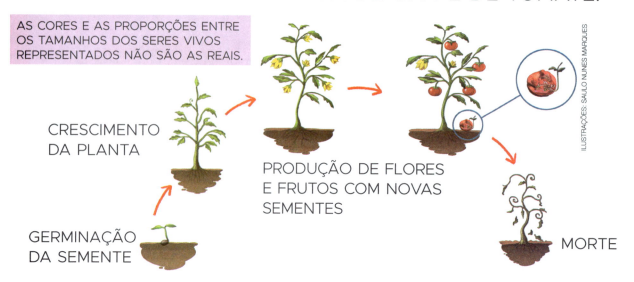

AS CORES E AS PROPORÇÕES ENTRE OS TAMANHOS DOS SERES VIVOS REPRESENTADOS NÃO SÃO AS REAIS.

ESQUEMA SIMPLIFICADO DE CICLO DE VIDA DO TOMATE.

VEJA A SEGUIR O CICLO DE VIDA DE DOIS ANIMAIS: O SAPO E A TARTARUGA.

AS CORES UTILIZADAS NA ILUSTRAÇÃO E AS DIMENSÕES DO SER VIVO NÃO SÃO AS REAIS.

ESQUEMA SIMPLIFICADO DE CICLO DE VIDA DA TARTARUGA E DO SAPO.

OBSERVE O FILHOTE DA TARTARUGA E O DO SAPO. ELES JÁ TÊM APARÊNCIA SEMELHANTE À DOS ANIMAIS ADULTOS? COMENTE SUAS IDEIAS COM OS COLEGAS E O PROFESSOR.

RECORTE FIGURAS DE UM ANIMAL E DE UMA PLANTA COM OS QUAIS VOCÊ CONVIVE OU CONHECE E COLE-AS NOS ESPAÇOS INDICADOS. ESCREVA O NOME DELES E O LOCAL ONDE VIVEM.

NOME: _____ LOCAL ONDE VIVE: _____

NOME: _____ LOCAL ONDE VIVE: _____

APRESENTE SEU TRABALHO AOS COLEGAS E DESCREVA COM DETALHES COMO SÃO ESSES SERES VIVOS. FALE, POR EXEMPLO, O TAMANHO E A COR DELES.

17

OS ELEMENTOS NÃO VIVOS

OS COMPONENTES DOS AMBIENTES QUE NÃO TÊM VIDA SÃO CHAMADOS DE **ELEMENTOS NÃO VIVOS**.

O SOLO, O AR, A ÁGUA, A LUZ E O CALOR DO SOL SÃO ELEMENTOS NÃO VIVOS DOS AMBIENTES.

OS ELEMENTOS NÃO VIVOS FAZEM PARTE DO AMBIENTE.

1. PINTE DE AMARELO OS QUADROS COM NOMES DE ELEMENTOS NÃO VIVOS DOS AMBIENTES.

| SAPO | ÁGUA | ÁRVORE | CRIANÇA | SOL |

| SOLO | AREIA | PÁSSARO | BANCO | AR |

2. ESCREVA O NOME DE UM ELEMENTO NÃO VIVO QUE VOCÊ ESTÁ VENDO AGORA.

_____

3. DESTAQUE O MATERIAL COMPLEMENTAR (PÁGINA 125) E LEIA O POEMA "TÁ NA HORA DE DORMIR", DE MIRNA PINSKY. EM SEGUIDA, FAÇA UM DESENHO QUE O REPRESENTE. OCUPE TODO O ESPAÇO EM BRANCO.

- AGORA COMPARE SEU DESENHO COM OS FEITOS PELOS COLEGAS. VOCÊS TIVERAM AS MESMAS IDEIAS? POR QUÊ?

PARA SABER MAIS

ANIMAIS E PLANTAS BEM PEQUENOS!

ALGUNS ANIMAIS E PLANTAS SÃO TÃO PEQUENOS QUE PODEM CABER NA PONTA DE UM DEDO!

ESSE É UM DOS MENORES SAPOS QUE SE CONHECEM.

ESSE É O MENOR MORCEGO DO MUNDO.

CADA UM DESSES GRÃOS VERDES É UMA PLANTA.

ESSE É O MENOR CAMALEÃO QUE SE CONHECE.

19

1. NAS COLUNAS LATERAIS FORAM COLOCADOS COMPONENTES DOS AMBIENTES. NA COLUNA DO CENTRO, AÇÕES QUE PODEM OCORRER COM CADA UM DELES.

   • FAÇA UM TRAÇO LIGANDO O COMPONENTE AOS QUADROS CORRETOS. VEJA O EXEMPLO.

AS IMAGENS NÃO ESTÃO REPRESENTADAS NA MESMA PROPORÇÃO.

NÃO MORRE

NÃO CRESCE

NASCE, CRESCE, PODE REPRODUZIR-SE E MORRE

2. DESTAQUE A PÁGINA 127 DO LIVRO E COLE-A EM UM PEDAÇO DE CARTOLINA. COM CUIDADO, RECORTE AS PEÇAS DO QUEBRA-CABEÇA NOS PONTILHADOS PARA SEPARÁ-LAS. EMBARALHE AS PEÇAS E TENTE MONTAR O QUADRO QUE APRESENTA ALGUNS ANIMAIS TÍPICOS DO BRASIL.

O QUE ESTUDAMOS

- NO PLANETA TERRA, EXISTEM MUITOS AMBIENTES. ELES PODEM SER AQUÁTICOS OU TERRESTRES.
- OS SERES VIVOS E OS ELEMENTOS NÃO VIVOS SÃO COMPONENTES DOS AMBIENTES.
- SERES HUMANOS, OUTROS ANIMAIS E PLANTAS SÃO SERES VIVOS. ELES PASSAM PELO CICLO DA VIDA: NASCEM, CRESCEM, PODEM REPRODUZIR-SE E MORREM.
- PRÓXIMOS DAS PESSOAS VIVEM ANIMAIS E PLANTAS DE DIFERENTES TAMANHOS, FORMAS E CORES.
- OS ELEMENTOS NÃO VIVOS NÃO PASSAM PELO CICLO DA VIDA.
- O AR, A ÁGUA, O SOLO, A LUZ E O CALOR DO SOL E OS OBJETOS SÃO ELEMENTOS NÃO VIVOS DOS AMBIENTES.

ILHA DE LA DIGUE, SEICHELES, ÁFRICA.

RETOMADA

1. SERÁ QUE ESTE AMBIENTE ESTÁ COMPLETO? DESENHE O QUE VOCÊ ACHA QUE ESTÁ FALTANDO. DEPOIS, PINTE-O COMO QUISER!

2. POR QUE PODEMOS AFIRMAR QUE O PÉ DE ALFACE E O COELHO SÃO SERES VIVOS? FAÇA UM **X** NA RESPOSTA CORRETA.

ALUXUM/ISTOCKPHOTO.COM

LADY BOON/SHUTTERSTOCK.COM

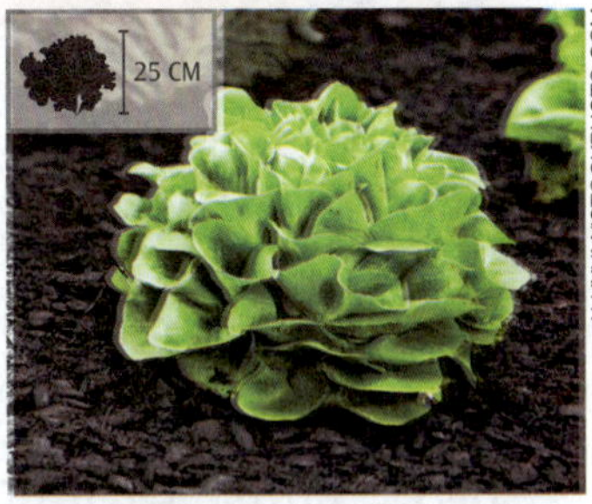

- [ ] PORQUE OS DOIS SÃO ENCONTRADOS NA NATUREZA.
- [ ] PORQUE ELES NASCEM, CRESCEM, PODEM REPRODUZIR-SE E, DEPOIS DE UM TEMPO, MORREM.

3. NUMERE AS ETAPAS DO CICLO DE VIDA DESSA PLANTA NA ORDEM EM QUE ELAS OCORREM.

ILUSTRAÇÕES: SAULO NUNES MARQUES

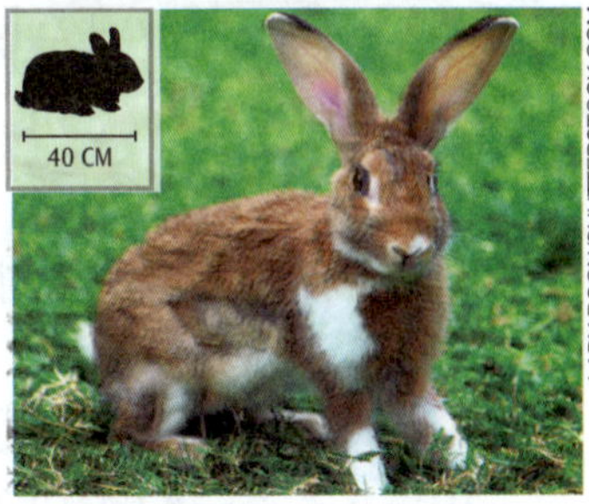

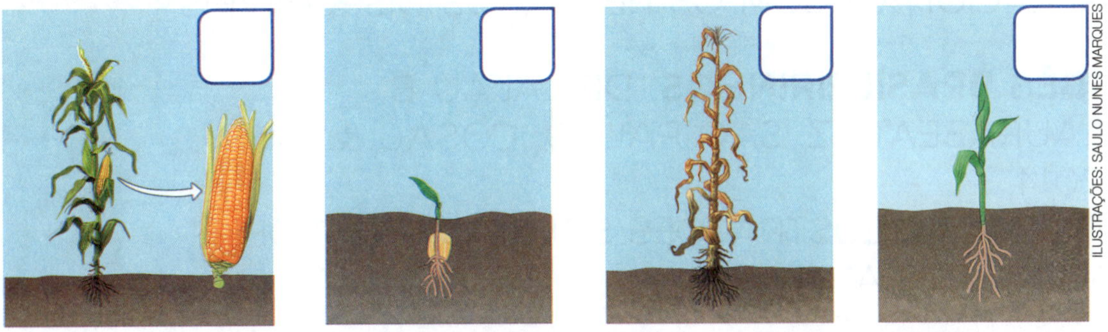

ESQUEMA SIMPLIFICADO DO CICLO DE VIDA DO MILHO.

ESCREVA O NOME DESSAS ETAPAS.

1. ______________________________

2. ______________________________

3. ______________________________

4. ______________________________

PERISCÓPIO

📖 PARA LER

ABECEDÁRIO DE BICHOS BRASILEIROS, DE GERALDO VALÉRIO. SÃO PAULO: WMF MARTINS FONTES, 2016.
SÃO RETRATADOS DIVERSOS ANIMAIS DA FAUNA BRASILEIRA, FORNECIDAS ALGUMAS INFORMAÇÕES BÁSICAS SOBRE ELES E SUGERIDAS ATIVIDADES.

A DESCOBERTA DE MIGUEL, DE MARILURDES NUNES. SÃO PAULO: EDITORA DO BRASIL, 2007.
MIGUEL É UM MENINO MUITO CURIOSO. ELE ENCONTRA EM SEU JARDIM UM AMBIENTE INCRÍVEL, CHEIO DE SERES VIVOS QUE SE RELACIONAM COM OS RECURSOS DISPONÍVEIS.

BEBÊS BRASILEIRINHOS, DE LALAU E LAURABEATRIZ. SÃO PAULO: COSAC & NAIFY, 2014.
POEMAS E ILUSTRAÇÕES SOBRE O CICLO DE VIDA DE 13 ANIMAIS.

▶ PARA ASSISTIR

MINÚSCULOS, DIREÇÃO DE HÉLÈNE GIRAUD E THOMAS SZABO, 2015.
HISTÓRIA DE UMA GUERRA ENTRE FORMIGAS QUE ENCONTRAM UMA CESTA DE PIQUENIQUE ABANDONADA. A ANIMAÇÃO VALORIZA O TRABALHO EM EQUIPE E A GENEROSIDADE.

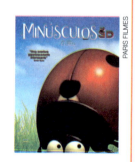

UNIDADE 2
RELAÇÕES ENTRE COMPONENTES DOS AMBIENTES

AS CORES E AS PROPORÇÕES ENTRE AS ESTRUTURAS REPRESENTADAS NÃO SÃO AS REAIS.

1. ENCONTRE E CIRCULE NA CENA:

VACA COMENDO   PEDREIRO   AVE NO NINHO

CACHORRO BEBENDO ÁGUA   TATU   REGADOR

25

ELEMENTOS QUE POSSIBILITAM A VIDA

OBSERVE AS IMAGENS A SEGUIR.

PENSE E CONVERSE

- O QUE A MENINA ESTÁ FAZENDO? E A MULHER?
- DE QUE UM ANIMAL, COMO O COELHO, PRECISA PARA SOBREVIVER?
- DE QUE UMA PLANTA NECESSITA PARA SOBREVIVER?
- PLANTAS E ANIMAIS PRECISAM DOS SERES HUMANOS PARA VIVER?

COMENTE SUAS IDEIAS COM OS COLEGAS E O PROFESSOR.

NA NATUREZA, EXISTEM RELAÇÕES ENTRE OS SERES VIVOS E OS ELEMENTOS NÃO VIVOS – SOL, AR, ÁGUA E SOLO.

1. OBSERVE AS FOTOGRAFIAS ABAIXO E MARQUE A FRASE QUE EXPLICA A RELAÇÃO REPRESENTADA.

☐ OS ANIMAIS PRECISAM DE ÁGUA PARA VIVER.

☐ OS ANIMAIS PRECISAM DE ÁGUA PARA RESPIRAR.

☐ O CALOR DO SOL AQUECE OS ANIMAIS.

☐ O CALOR DO SOL FAZ OS ANIMAIS DORMIREM.

☐ A ÁGUA DA CHUVA É IMPORTANTE PARA AS PLANTAS.

☐ A ÁGUA DA CHUVA FAZ MAL ÀS PLANTAS.

☐ AS PESSOAS USAM O SOLO PARA PLANTAR.

☐ AS PESSOAS NÃO PRECISAM DO SOLO.

2. AGORA RESPONDA.

A) É POSSÍVEL EXISTIR VIDA EM AMBIENTE SEM AR, ÁGUA, SOL E SOLO?

B) DE QUAIS ELEMENTOS OS SERES VIVOS ABAIXO PRECISAM PARA SOBREVIVER?

OS COELHOS PODEM VIVER NOS CAMPOS.

MUITAS ORQUÍDEAS VIVEM SOBRE OUTRAS PLANTAS.

A EXISTÊNCIA DE VIDA NA TERRA DEPENDE DOS ELEMENTOS NÃO VIVOS PRESENTES NOS AMBIENTES. VEJA:

OS SERES HUMANOS E OS OUTROS ANIMAIS PRECISAM DO AR PARA RESPIRAR.

A MAIORIA DOS SERES VIVOS PRECISA DE AR PARA RESPIRAR. VOCÊ SABIA QUE AS PLANTAS TAMBÉM RESPIRAM?

O **SOL** ILUMINA E AQUECE O PLANETA.

AS PLANTAS USAM A LUZ DO SOL PARA FABRICAR O PRÓPRIO ALIMENTO.

SEM LUZ NÃO HÁ VIDA NA TERRA.

A MAIORIA DAS PLANTAS CRESCE SOBRE O **SOLO**, DE ONDE RETIRAM ÁGUA E OUTROS NUTRIENTES DE QUE PRECISAM PARA PRODUZIR SEU ALIMENTO. MUITOS ANIMAIS, COMO TATUS, MINHOCAS E FORMIGAS, VIVEM NO SOLO.

O TATUPEBA ABRIGA-SE EM TOCAS QUE ELE CAVA NO SOLO.

AS PLANTAS QUE VEMOS SOBRE O SOLO TÊM RAÍZES ENTERRADAS NELE.

SEM **ÁGUA** NÃO EXISTIRIA VIDA.

OS SERES HUMANOS BEBEM ÁGUA E A UTILIZAM NO PREPARO DE ALIMENTOS E NA HIGIENE.

ALÉM DA LUZ DO SOL, AS PLANTAS TAMBÉM NECESSITAM DA ÁGUA PARA PRODUZIR O PRÓPRIO ALIMENTO.

ATIVIDADES

1. LÚCIA GOSTA DE BRINCAR COM SUA BONECA E SEU GATO.

- MARQUE UM **X** NO QUE A BONECA E O GATO PRECISAM PARA CONTINUAR COM LÚCIA.

	GATO	BONECA
AR		
ÁGUA		
LUZ E CALOR DO SOL		

2. COMPLETE AS FRASES COM AS PALAVRAS DESTACADAS.

ALIMENTO   AR   RESPIRAR

MINHOCAS   LUZ   SOLO

A) SEM A _____ DO SOL, AS PLANTAS NÃO PODERIAM FABRICAR O PRÓPRIO _____.

B) SEM _____, OS SERES VIVOS NÃO PODERIAM _____.

C) AO ESCAVAR O _____, AS _____ FORMAM TÚNEIS.

30

RELAÇÕES ENTRE OS SERES VIVOS

OS SERES VIVOS DEPENDEM UNS DOS OUTROS.

1. OBSERVE AS FOTOGRAFIAS E PENSE NAS QUESTÕES PROPOSTAS NAS LEGENDAS.

O QUE O JACARÉ ESTÁ COMENDO?

ONDE A ABELHA ESTÁ POUSADA? POR QUÊ?

DE ONDE VIERAM OS INGREDIENTES DESSA REFEIÇÃO?

A) O QUE AS TRÊS IMAGENS TÊM EM COMUM?

_____

B) COM BASE NO QUE VOCÊ VIU NESSAS IMAGENS, É POSSÍVEL AFIRMAR QUE, PARA VIVER, OS SERES VIVOS DEPENDEM UNS DOS OUTROS? POR QUÊ?

_____

TODO SER VIVO PRECISA ALIMENTAR-SE. OS **ANIMAIS** RETIRAM OS ALIMENTOS DE QUE NECESSITAM DO AMBIENTE ONDE VIVEM. ELES COMEM OUTROS SERES VIVOS.

EXISTEM ANIMAIS QUE SE ALIMENTAM SOMENTE DE PLANTAS OU PARTES DELAS.

O BESOURO CONHECIDO COMO VAQUINHA E A ANTA SÓ COMEM PLANTAS.

HÁ ANIMAIS QUE COMEM SOMENTE OUTROS ANIMAIS OU PARTE DO CORPO DELES.

O JACARÉ É UM DOS ALIMENTOS DA ONÇA-PINTADA. JÁ OS BESOUROS PODEM FAZER PARTE DA DIETA DE ALGUMAS ARANHAS.

MUITOS ANIMAIS PODEM ALIMENTAR-SE TANTO DE ANIMAIS COMO DE PLANTAS. É O CASO DO LOBO-GUARÁ E DO SER HUMANO, POR EXEMPLO.

O LOBO-GUARÁ É ENCONTRADO SOMENTE NA AMÉRICA DO SUL.

AS **PLANTAS** PODEM PRODUZIR O PRÓPRIO ALIMENTO! PARA ISSO, NECESSITAM DA LUZ DO SOL, DE AR E DE ÁGUA.

AS PLANTAS NÃO PRECISAM ALIMENTAR-SE DE OUTRO SER VIVO.

PARA SABER MAIS

PLANTAS PARASITAS

O CIPÓ-CHUMBO É UMA PLANTA **PARASITA**. SUAS RAÍZES PENETRAM EM OUTRA PLANTA E SUGAM DELA O ALIMENTO PRONTO. SE ISSO PERMANECER POR MUITO TEMPO, O CIPÓ-CHUMBO PODE MATAR A PLANTA QUE ELE ESTÁ PARASITANDO.

CIPÓ-CHUMBO (EM AMARELO) SOBRE ÁRVORE.

PREPARO ANTES DA REFEIÇÃO

O GUAXINIM, TAMBÉM CONHECIDO COMO MÃO-PELADA, COME CARANGUEJOS, SAPOS, PEIXES, INSETOS E FRUTAS, ENTRE OUTROS ALIMENTOS.

ANTES DE COMER, ELE MERGULHA O ALIMENTO NA ÁGUA. EM SEGUIDA, ESFREGA A COMIDA COM SUAS PATAS DIANTEIRAS, E SÓ DEPOIS É QUE ELE COME!

MÃO-PELADA SE ALIMENTANDO.

ATIVIDADES

1. IMAGINE QUE ESTA PLANTA ESTEJA NO QUINTAL DA SUA CASA.

A) O QUE VOCÊ PODE FAZER PARA QUE ELA DEIXE DE FICAR MURCHA?

_____

B) SE ELA ESTIVESSE EM UMA MATA, PRECISARIA DOS CUIDADOS DE UMA PESSOA? POR QUÊ?

_____

_____

2. FAÇA UM **X** NA FRASE CORRETA.

☐ OS ANIMAIS E AS PLANTAS PRODUZEM O PRÓPRIO ALIMENTO.

☐ AS PLANTAS SÓ PRECISAM DE ÁGUA PARA FABRICAR SEU ALIMENTO.

☐ OS ANIMAIS SE ALIMENTAM DE OUTROS SERES VIVOS DO AMBIENTE.

3. COLOQUE AS PALAVRAS EM ORDEM PARA FORMAR UMA FRASE.

DE ANIMAIS E PLANTAS. O SER HUMANO ALIMENTAR PODE SE

_____

34

O QUE ESTUDAMOS

- A EXISTÊNCIA DA VIDA NO PLANETA DEPENDE DOS ELEMENTOS NÃO VIVOS DOS AMBIENTES: AR, ÁGUA, SOLO, LUZ E CALOR DO SOL.
- OS SERES VIVOS TAMBÉM DEPENDEM UNS DOS OUTROS. OS ANIMAIS, POR EXEMPLO, PRECISAM DE OUTROS SERES VIVOS OU PARTE DELES PARA SE ALIMENTAR.
- ENTRE OS ANIMAIS, HÁ OS QUE SE ALIMENTAM SOMENTE DE PLANTAS, OS QUE COMEM APENAS OUTROS ANIMAIS E OS QUE PODEM ALIMENTAR-SE TANTO DE ANIMAIS COMO DE PLANTAS.
- PARA FABRICAR O PRÓPRIO ALIMENTO, AS PLANTAS PRECISAM DA LUZ DO SOL, DE AR E DE ÁGUA.

OS SERES VIVOS SE RELACIONAM ENTRE ELES E COM O AMBIENTE.

RETOMADA

1. LEIA AS FRASES A SEGUIR E ESCREVA **V** PARA VERDADEIRO E **F** PARA FALSO.

    ☐ AS PLANTAS PODEM VIVER SOMENTE NO ESCURO.

    ☐ TODOS OS SERES VIVOS PRECISAM DE ÁGUA.

    • AGORA REESCREVA A FRASE FALSA PARA QUE SE TORNE VERDADEIRA.

    _____

2. PARA CADA SER VIVO ASSINALE AS ALTERNATIVAS CORRETAS. DICA: PODE HAVER MAIS DE UMA.

    A GRAMA TEM RAÍZES FINAS E EM GRANDE QUANTIDADE.

    ☐ VIVE EM AMBIENTE AQUÁTICO.
    ☐ CRESCE SOBRE O SOLO.
    ☐ PRECISA DO SOL PARA PRODUZIR O PRÓPRIO ALIMENTO.

    O BEIJA-FLOR PODE BATER AS ASAS 50 VEZES A CADA SEGUNDO.

    ☐ CRESCE NO SOLO.
    ☐ PRECISA DO AR PARA RESPIRAR.
    ☐ BEBE ÁGUA.

CONSTRUIR UM MUNDO MELHOR

🌱 MINHA ESCOLA, MEU AMBIENTE

VOCÊ PASSA BASTANTE TEMPO NA ESCOLA, NÃO É MESMO?

NELA VOCÊ ESTUDA, FAZ AMIGOS, BRINCA, COME, EXERCITA-SE, CUIDA DA HIGIENE.

UM LUGAR TÃO IMPORTANTE ASSIM PRECISA SER CUIDADO PARA QUE TODOS SE SINTAM SEMPRE BEM NELE, NÃO É MESMO?

ENTÃO... AQUI COMEÇA **NOSSA INSPEÇÃO AMBIENTAL**!

O QUE FAZER

OBSERVAR AS CONDIÇÕES DO AMBIENTE ESCOLAR, COMO A SALA DE AULA, O PÁTIO E OS BANHEIROS.

COMO FAZER

REÚNAM-SE EM GRUPOS. O PROFESSOR FORNECERÁ A CADA EQUIPE UM QUESTIONÁRIO COM ELEMENTOS A SEREM ANALISADOS.

VEJA O EXEMPLO NA PÁGINA AO LADO.

INSPEÇÃO AMBIENTAL

LOCAL: _____

1. O ESPAÇO ESTÁ LIMPO?

☐ SIM.   ☐ NÃO.   ☐ PODE MELHORAR.

2. HÁ ÁREAS VERDES?

☐ SIM.   ☐ NÃO.   ☐ PODE MELHORAR.

3. HÁ LIXEIRAS ESPECÍFICAS PARA OS DIFERENTES TIPOS DE RESÍDUOS?

☐ SIM.   ☐ NÃO.

4. HÁ ALGUMA TORNEIRA PINGANDO?

☐ SIM.   ☐ NÃO.

5. A LUMINOSIDADE NA SALA DE AULA E NA BIBLIOTECA É SUFICIENTE PARA REALIZAR AS ATIVIDADES DE ESTUDO?

☐ SIM.   ☐ NÃO.

APRESENTANDO O QUE FOI FEITO

FAÇAM UMA APRESENTAÇÃO DOS RESULTADOS DA PESQUISA. AO FINAL, PEÇAM SUGESTÕES PARA SOLUCIONAR OS PROBLEMAS ENCONTRADOS.

PERISCÓPIO

📖 PARA LER

CASINHAS DE BICHOS, DE HARDY G. A. FILHO. SÃO PAULO: SCIPIONE, 2010.
USANDO VERSOS, O AUTOR DESCREVE COMO É A MORADIA DE DIVERSOS ANIMAIS.

COMO É SEU DIA, PELICANO?, DE BIA VILELA. SÃO PAULO: EDITORA DO BRASIL, 2017.
JÁ IMAGINOU COMO É O DIA DE UM PELICANO? COM A AJUDA DESSE PERSONAGEM CARISMÁTICO, OS LEITORES PODERÃO COMPREENDER A PASSAGEM DO TEMPO, O CLIMA E AS ATIVIDADES QUE COMBINAM COM CADA MOMENTO. ALÉM DE SE DIVERTIREM MUITO COM ESSA HISTÓRIA RICA EM CORES E FORMATOS DIFERENTES.

TERRA DOS PAPAGAIOS, DE MARIANA MASSARANI. SÃO PAULO: SALAMANDRA, 2016.
O LIVRO MOSTRA CARACTERÍSTICAS DA VIDA DE ANIMAIS BRASILEIROS EM SEU AMBIENTE SELVAGEM, PRÓXIMOS E EM HARMONIA COM UM GRUPO INDÍGENA.

▶ PARA ASSISTIR

BEE MOVIE – A HISTÓRIA DE UMA ABELHA, DIREÇÃO DE SIMON SMITH E STEVE HICKNER, 2007.
UM RELATO DE COMO AS ABELHAS DEPENDEM DOS ELEMENTOS NÃO VIVOS E DE COMO OS SERES HUMANOS DEPENDEM DAS ABELHAS.

UNIDADE 3
AS PLANTAS

1. LEVE A MENINA ATÉ CADA UMA DAS PLANTAS E DESCUBRA O NOME DELAS.

- ESCREVA O NOME DAS PLANTAS ENCONTRADAS.

_____   _____

_____   _____

CONHECENDO AS PLANTAS

NA PRIMEIRA AULA SOBRE PLANTAS, O PROFESSOR DO SEGUNDO ANO LEVOU DUAS FOTOGRAFIAS PARA A TURMA OBSERVAR.

RAÍZES FORMADAS SOBRE PAVIMENTO URBANO.

FOLHAS DE UMA PLANTA SAINDO DE DENTRO DO BUEIRO.

AS IMAGENS NÃO ESTÃO REPRESENTADAS NA MESMA PROPORÇÃO.

DEPOIS LANÇOU UM DESAFIO FAZENDO DUAS PERGUNTAS:

1. POR QUE AS RAÍZES DA ÁRVORE ESTÃO SE FORMANDO EM VOLTA DAS PEDRAS DO REVESTIMENTO?

2. POR QUE AS FOLHAS DA PLANTA ESTÃO SAINDO DE DENTRO DO BUEIRO?

PENSE E CONVERSE

- SE VOCÊ FIZESSE PARTE DESSA TURMA, QUE RESPOSTAS DARIA AO PROFESSOR? COMENTE SUAS IDEIAS COM OS COLEGAS E COM O PROFESSOR.

VOCÊ E... AS PLANTAS

1. QUE PLANTAS VOCÊ CONHECE? ESCREVA NOS QUADROS O NOME DE DUAS DELAS.

- NO ESPAÇO ABAIXO, FAÇA O DESENHO DE UMA DESSAS PLANTAS. ESCREVA O NOME DAS PARTES DELA QUE VOCÊ CONHECE.

PLANTAS TERRESTRES E PLANTAS AQUÁTICAS

AS PLANTAS, QUE TAMBÉM SÃO CHAMADAS DE **VEGETAIS**, PODEM VIVER EM DIFERENTES LOCAIS.

HÁ VEGETAIS, COMO O BAOBÁ, QUE CRESCEM SOBRE O **SOLO**.

ALGUNS VEGETAIS, COMO O AGUAPÉ, VIVEM NA **ÁGUA**.

HÁ VEGETAIS, COMO AS SAMAMBAIAS, QUE PODEM SE DESENVOLVER ENTRE ROCHAS.

1. ENTRE OS VEGETAIS MOSTRADOS, HÁ DOIS **TERRESTRES** E UM **AQUÁTICO**.

- LIGUE:

BAOBÁ

SAMAMBAIA

AGUAPÉ

PLANTA AQUÁTICA

PLANTA TERRESTRE

AS PLANTAS TERRESTRES VIVEM FIXAS NO SOLO, DE ONDE RETIRAM A ÁGUA E OS SAIS MINERAIS DE QUE NECESSITAM. A JABUTICABEIRA E A SAMAMBAIA SÃO PLANTAS TERRESTRES.

CONHEÇA OUTROS VEGETAIS TERRESTRES.

MUSGO.

AVENCA.

CAVALINHA.

PINHEIRO.

ROSEIRA.

PÉ DE CHUCHU.

45

AS PLANTAS AQUÁTICAS VIVEM NA ÁGUA. ALGUMAS, COMO O AGUAPÉ E A ALFACE-D'ÁGUA, FICAM FLUTUANDO E RETIRAM DA ÁGUA OS SAIS MINERAIS DE QUE NECESSITAM.

O AGUAPÉ TEM RAÍZES FLUTUANTES.

AS RAÍZES DE ALGUNS VEGETAIS AQUÁTICOS ESTÃO FIXADAS NO **SEDIMENTO**, QUE É O FUNDO DO RIO OU DO MAR. O JUNCO, A NINFEIA E A VITÓRIA-RÉGIA SÃO EXEMPLOS DESSE TIPO DE PLANTA AQUÁTICA.

AS RAÍZES DO JUNCO ESTÃO FIXADAS NO SEDIMENTO, PORÉM AS FOLHAS CRESCEM PARA FORA DA ÁGUA.

A NINFEIA TAMBÉM FICA ENRAIZADA NO SEDIMENTO, MAS SUAS FOLHAS FLUTUAM NA SUPERFÍCIE DA ÁGUA.

EXISTEM PLANTAS QUE VIVEM APOIADAS EM OUTROS VEGETAIS. SÃO AS **EPÍFITAS**.

AS RAÍZES DAS EPÍFITAS SÃO AÉREAS.

PARTES DAS PLANTAS

CERTAMENTE VOCÊ JÁ VIU UMA ÁRVORE. ESSE VEGETAL TERRESTRE É FORMADO PELAS SEGUINTES PARTES: **RAIZ**, **CAULE** E **FOLHA**. EM ALGUMAS ÉPOCAS, TAMBÉM SURGEM AS **FLORES** E OS **FRUTOS**. NO INTERIOR DOS FRUTOS, FICAM AS **SEMENTES**.

RAIZ, CAULE E FOLHA

RAIZ, CAULE E FOLHAS SÃO AS PARTES DA PLANTA QUE A MANTÊM VIVA.

1. NO ESQUEMA ABAIXO, PINTE AS FOLHAS DE VERDE, O CAULE DE MARROM E A RAIZ DE PRETO.

NO DESENHO QUE FEZ NA PÁGINA 43, VOCÊ INDICOU A RAIZ, O CAULE E AS FOLHAS? SE NÃO, PODE COMPLETÁ-LO AGORA.

47

VOCÊ JÁ SABE QUE A PLANTA PRECISA DA ÁGUA E DOS SAIS MINERAIS QUE ESTÃO NO SOLO.

2. FAÇA UM **X** NA RESPOSTA CORRETA.

   A) QUE PARTE DA PLANTA É RESPONSÁVEL POR FIXÁ-LA NO SOLO E ABSORVER ÁGUA E SAIS MINERAIS?

   ☐ FOLHA.   ☐ RAIZ.   ☐ CAULE.

   B) QUE PARTE DA PLANTA **CONDUZ** A ÁGUA E OS SAIS MINERAIS ATÉ AS FOLHAS?

   > **CONDUZIR:** LEVAR.

   ☐ RAIZ.   ☐ FRUTO.   ☐ CAULE.

A RAIZ FIXA A PLANTA NO SOLO E ABSORVE A ÁGUA E OS SAIS MINERAIS PARA O CAULE LEVÁ-LOS ATÉ AS FOLHAS.

NAS FOLHAS, A ÁGUA SERÁ UTILIZADA PARA PRODUZIR O **ALIMENTO** DA PLANTA. PARA ISSO, TAMBÉM É PRECISO **GÁS CARBÔNICO** DO AR E DA **LUZ DO SOL**. ESSES ELEMENTOS SÃO ABSORVIDOS PELAS FOLHAS.

3. VOLTE À PÁGINA 42. AGORA QUE VOCÊ SABE MAIS SOBRE AS PARTES DAS PLANTAS, REVEJA SUAS RESPOSTAS E REPENSE:

   • POR QUE AS RAÍZES DA PLANTA SE FORMARAM EM VOLTA DAS PEDRAS?

   • POR QUE AS FOLHAS SE DESENVOLVERAM PARA FORA DO BUEIRO?

NA FOLHA, DURANTE A FABRICAÇÃO DO ALIMENTO, É PRODUZIDO TAMBÉM **GÁS OXIGÊNIO**. ESSE GÁS É NECESSÁRIO PARA A RESPIRAÇÃO DAS PLANTAS E DOS ANIMAIS.

FLORES E FRUTOS

VOCÊ JÁ SABE QUE RAIZ, CAULE E FOLHAS SÃO RESPONSÁVEIS PELA MANUTENÇÃO DA VIDA DA PLANTA. E QUAL É A FUNÇÃO DAS FLORES E DOS FRUTOS?

1. VOLTE AO ESQUEMA DA ÁRVORE QUE VOCÊ DESENHOU NA PÁGINA 43 E DESENHE QUATRO FLORES AMARELAS E QUATRO FRUTOS VERMELHOS. OS FRUTOS SÃO FORMADOS A PARTIR DAS FLORES. NO INTERIOR DO FRUTO ESTÁ A SEMENTE. OBSERVE:

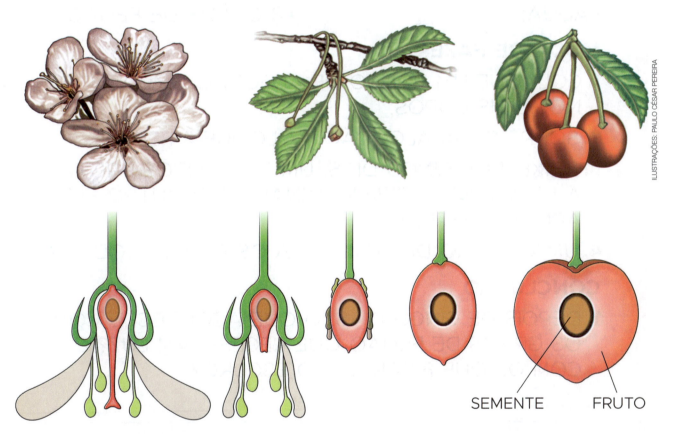

ESQUEMA SIMPLIFICADO DE FORMAÇÃO DE SEMENTE E FRUTO ORIGINADOS DA FLOR.

AS FLORES E OS FRUTOS COM SEMENTE SÃO OS RESPONSÁVEIS PELA REPRODUÇÃO DE MUITOS TIPOS DE PLANTAS.

AS CORES UTILIZADAS NA ILUSTRAÇÃO E AS DIMENSÕES DO SER VIVO NÃO SÃO AS REAIS.

TAMBÉM QUERO FAZER

NECESSIDADES DAS PLANTAS – 1

O QUE ACONTECE COM A SEMENTE DE UMA PLANTA QUE GERMINA SEM LUZ? ANOTE SUAS IDEIAS.

_____

MATERIAL:

- 2 COPOS PEQUENOS;
- ÁGUA;
- ALGODÃO;
- 8 GRÃOS DE FEIJÃO.

MODO DE FAZER

1. COLOQUE UM POUCO DE ALGODÃO UMEDECIDO NOS DOIS COPOS.
2. SOBRE CADA ALGODÃO, COLOQUE 4 FEIJÕES.
3. DEIXE, POR CINCO DIAS, UM DOS COPOS PRÓXIMO A UMA JANELA BEM ILUMINADA E O OUTRO EM UM ARMÁRIO FECHADO.
4. UMA VEZ AO DIA, UMEDEÇA OS DOIS ALGODÕES.

CONCLUSÃO

1. DEPOIS DE CINCO DIAS, O QUE ACONTECEU COM OS GRÃOS DE FEIJÃO QUE RECEBERAM LUZ? E COM OS QUE FICARAM NO ESCURO?

_____

_____

2. DE ACORDO COM O QUE VOCÊ OBSERVOU, SUAS IDEIAS SE CONFIRMARAM? EXPLIQUE.

_____

NECESSIDADES DAS PLANTAS – 2

O QUE ACONTECE COM A SEMENTE DE UMA PLANTA SE NÃO HOUVER ÁGUA? ANOTE SUAS IDEIAS.

_____

MATERIAL:

- 2 COPOS PEQUENOS;
- ÁGUA;
- ALGODÃO;
- 8 GRÃOS DE FEIJÃO.

MODO DE FAZER

1. COLOQUE ALGODÃO SECO EM UM COPO; NO OUTRO, COLOQUE O ALGODÃO UMEDECIDO.
2. SOBRE CADA ALGODÃO, COLOQUE 4 GRÃOS DE FEIJÃO.
3. DEIXE OS COPOS PRÓXIMOS A UMA JANELA BEM ILUMINADA. ELES DEVEM FICAR NESSE LOCAL DURANTE CINCO DIAS.
4. UMA VEZ AO DIA, COLOQUE UM POUCO DE ÁGUA NO ALGODÃO QUE ESTAVA ÚMIDO DESDE O INÍCIO DO EXPERIMENTO. CUIDADO PARA NÃO ENCHARCÁ-LO.

CONCLUSÃO

1. DEPOIS DE CINCO DIAS, O QUE ACONTECEU COM OS GRÃOS DE FEIJÃO QUE RECEBERAM ÁGUA? E COM OS QUE FICARAM SECOS?

_____

_____

2. DE ACORDO COM O QUE VOCÊ OBSERVOU, SUAS IDEIAS SE CONFIRMARAM?

_____

NECESSIDADES DAS PLANTAS

1. AS FOTOGRAFIAS A SEGUIR MOSTRAM O MESMO LUGAR EM PERÍODOS DIFERENTES DO ANO.

VEGETAÇÃO DE CAATINGA EM PERÍODO DE SECA. SERTÂNIA, PERNAMBUCO, 2010.

VEGETAÇÃO DE CAATINGA EM PERÍODO CHUVOSO. SERTÂNIA, PERNAMBUCO, 2010.

- EM SUA OPINIÃO, POR QUE O MESMO LOCAL ESTÁ COM APARÊNCIA TÃO DIFERENTE?

A ÁGUA É FUNDAMENTAL PARA A VIDA DAS PLANTAS. SE NÃO RECEBER ÁGUA, INICIALMENTE AS PLANTAS MURCHAM. CASO A FALTA DE ÁGUA SE MANTENHA, A PLANTA MORRERÁ. AFINAL, A ÁGUA É USADA PELA PLANTA PARA PRODUZIR O PRÓPRIO ALIMENTO.

SEM ÁGUA, COMO VOCÊ VERIFICOU NA ATIVIDADE ANTERIOR, NEM A SEMENTE GERMINA.

FLOR DE GIRASSOL MURCHA POR FALTA DE ÁGUA.

A LUZ TAMBÉM É FUNDAMENTAL PARA A VIDA DAS PLANTAS, MAS AS SEMENTES NÃO DEPENDEM DELA PARA GERMINAR.

COMPARE AS PLANTAS DAS IMAGENS ABAIXO. OBSERVE QUE AS SEMENTES QUE FICARAM SEM LUZ TAMBÉM BROTARAM.

PLANTAS ORIGINADAS DAS SEMENTES QUE SE DESENVOLVERAM NA PRESENÇA DE LUZ.

PLANTAS ORIGINADAS DAS SEMENTES QUE SE DESENVOLVERAM NO ESCURO.

1. VOCÊ JÁ APRENDEU QUE AS PLANTAS PRODUZEM O PRÓPRIO ALIMENTO E QUE RESPIRAM, CRESCEM E SE DESENVOLVEM. AGORA, DESEMBARALHE AS LETRAS E DESCUBRA OS QUATRO ELEMENTOS NECESSÁRIOS PARA A PLANTA SE MANTER VIVA.

53

GRUPOS DE PLANTAS

NEM TODAS AS PLANTAS SÃO FORMADAS POR RAIZ, CAULE, FOLHA, FLOR E FRUTO COM SEMENTE. HÁ VEGETAIS, POR EXEMPLO, QUE NÃO TÊM UMA RAIZ VERDADEIRA. TAMBÉM HÁ PLANTAS QUE NÃO TÊM FLORES NEM FRUTOS.

ASSIM, PARA ESTUDAR AS PLANTAS, OS CIENTISTAS COSTUMAM DIVIDI-LAS EM GRUPOS, CONSIDERANDO A PRESENÇA OU A AUSÊNCIA DE ALGUMA PARTE. UMA FORMA DE FAZER ISSO É USAR O CRITÉRIO DA **PRESENÇA DE SEMENTES**. VEJA:

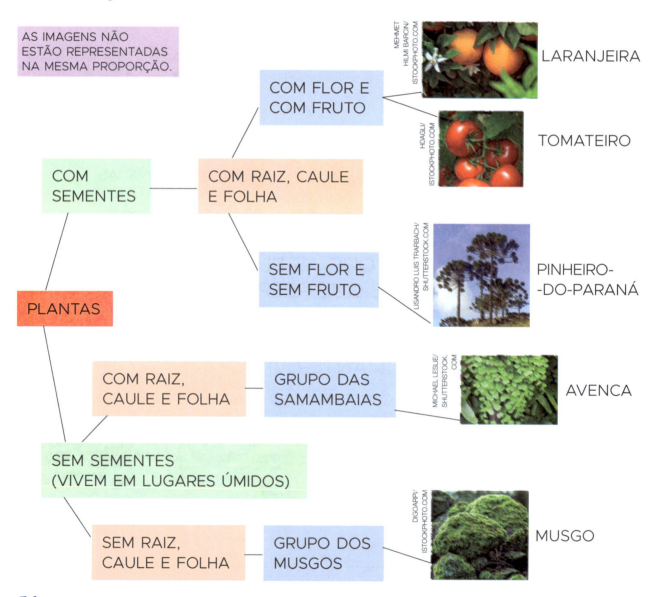

AS IMAGENS NÃO ESTÃO REPRESENTADAS NA MESMA PROPORÇÃO.

AS PLANTAS E OS OUTROS COMPONENTES DO AMBIENTE

NESTA UNIDADE, VOCÊ VIU QUE AS PLANTAS SE RELACIONAM COM O AR, A ÁGUA, O SOLO E OS DEMAIS SERES VIVOS.

1. LEIA AS LEGENDAS DAS IMAGENS E, NAS LINHAS, ESCREVA QUE COMPONENTE OU COMPONENTES DO AMBIENTE ESTÁ OU ESTÃO SE RELACIONANDO COM AS PLANTAS.

AS IMAGENS NÃO ESTÃO REPRESENTADAS NA MESMA PROPORÇÃO.

OS TELHADOS VERDES PERMITEM QUE O INTERIOR DAS CONSTRUÇÕES NÃO FIQUE MUITO QUENTE.

_____

A VEGETAÇÃO DA MARGEM DOS RIOS – CHAMADA MATA CILIAR – IMPEDE QUE AS CHUVAS ARRASTEM PARTE DO SOLO PARA A ÁGUA.

_____

AO RETIRAR A VEGETAÇÃO, O SOLO PODE DESBARRANCAR.

_____

AO ENTERRAR OS PINHÕES, AS SEMENTES DO PINHEIRO, A GRALHA-AZUL AJUDA NA DISPERSÃO DESSA ÁRVORE.

_____

O DENTE-DE-LEÃO É UM FRUTO CUJA SEMENTE É ESPALHADA PELO VENTO.

_____

55

ATIVIDADES

1. CLASSIFIQUE AS PLANTAS ABAIXO DE ACORDO COM O LUGAR EM QUE VIVEM.

_____ _____ _____

2. O ESQUEMA ABAIXO REPRESENTA O PROCESSO DE PRODUÇÃO DE ALIMENTO QUE OCORRE EM UMA ÁRVORE. NELE CADA LETRA É UM COMPONENTE RELACIONADO AO PROCESSO.

- COM OS COLEGAS E O PROFESSOR, DESCUBRA QUE COMPONENTE CADA UMA DAS LETRAS ESTÁ REPRESENTANDO.

☐ ÁGUA E SAIS MINERAIS

☐ GÁS CARBÔNICO

☐ LUZ DO SOL

☐ GÁS OXIGÊNIO

☐ ALIMENTO PRODUZIDO

AS CORES E AS PROPORÇÕES ENTRE AS ESTRUTURAS REPRESENTADAS NÃO SÃO AS REAIS.

O QUE ESTUDAMOS

- OS VEGETAIS PODEM SER TERRESTRES, AQUÁTICOS OU VIVER SOBRE OUTROS VEGETAIS.
- A RAIZ FIXA A PLANTA E ABSORVE A ÁGUA E OS SAIS MINERAIS.
- O CAULE LEVA A ÁGUA E O SAIS MINERAIS ATÉ AS FOLHAS.
- NAS FOLHAS OCORRE A PRODUÇÃO DO ALIMENTO DA PLANTA.
- NAS PLANTAS COM FLORES E FRUTOS COM SEMENTE, ESSAS PARTES SÃO RESPONSÁVEIS PELA REPRODUÇÃO.
- PARA FABRICAR O PRÓPRIO ALIMENTO, A PLANTA UTILIZA ÁGUA, GÁS CARBÔNICO E LUZ. NESSE PROCESSO, ALÉM DO ALIMENTO, É PRODUZIDO GÁS OXIGÊNIO.
- AS PLANTAS PODEM SER CLASSIFICADAS EM DOIS GRUPOS: PLANTAS COM SEMENTES – ALGUMAS TÊM FLOR E FRUTO, OUTRAS NÃO, E PLANTAS SEM SEMENTES – MUSGOS E SAMAMBAIAS.

FLOR E FRUTO DA LARANJEIRA EM DESTAQUE.

RETOMADA

1. SILVANA GANHOU UMA PLANTA E COLOCOU O VASO NA SALA, QUE É UM POUCO ESCURA. VEJA O QUE ACONTECEU.

   A) POR QUE A PLANTA ESTÁ CRESCENDO COMO MOSTRA A IMAGEM?

   _____

   _____

   B) POR QUE ISSO É IMPORTANTE PARA A PLANTA?

   _____

   _____

2. LIGUE CADA PARTE DESTA PLANTA À SUA DESCRIÇÃO.

TRANSPORTA SUBSTÂNCIAS PARA TODAS AS PARTES DA PLANTA.

ABSORVE GÁS CARBÔNICO E LUZ E FABRICA O ALIMENTO.

ESTÁ RELACIONADA À REPRODUÇÃO E DÁ ORIGEM AO FRUTO.

ABSORVE ÁGUA E NUTRIENTES DO AMBIENTE.

ORQUÍDEA ILUSTRADA POR MARGARET MEE.

3. O DIAGRAMA ABAIXO APRESENTA GRUPOS DE PLANTAS. COMPLETE-O DE ACORDO COM O QUE VOCÊ ESTUDOU.

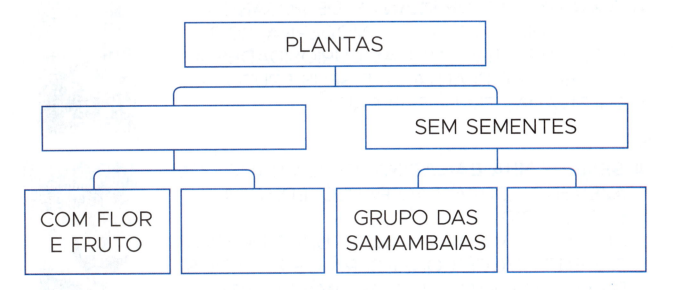

4. PINTE DE VERDE OS QUADROS COM O NOME DAS PARTES DA PLANTA RELACIONADAS À MANUTENÇÃO DA VIDA DELA, E PINTE DE VERMELHO OS QUADROS COM O NOME DAS PARTES DA PLANTA RELACIONADAS À REPRODUÇÃO.

| FLOR | CAULE | SEMENTE | FRUTO | RAIZ | FOLHA |

5. SE UMA VENTANIA DERRUBAR MUITAS FLORES DE UMA LARANJEIRA, ESSA ÁRVORE DARÁ BASTANTE FRUTOS? POR QUÊ?

_____

_____

_____

PERISCÓPIO

📖 PARA LER

ALMANAQUE PÉ DE PLANTA, DE ROSANE PAMPLONA. SÃO PAULO: MODERNA, 2013.
ESSE LIVRO TRAZ MUITAS CURIOSIDADES A RESPEITO DE PLANTAS – E SEUS FRUTOS – CULTIVADAS EM NOSSO PAÍS.

A SEMENTINHA BAILARINA, DE IZA RAMOS DE AZEVEDO SOUZA. SÃO PAULO: EDITORA DO BRASIL, 2010.
AO ACOMPANHAR AS AVENTURAS DE UMA SEMENTE, VOCÊ CONHECERÁ OS ESTÁGIOS DE DESENVOLVIMENTO DE UMA PLANTA.

👆 PARA ACESSAR

YVYRA POTY E AS ÁRVORES DA FLORESTA, TRATA-SE DA HISTÓRIA DE UM GRUPO INDÍGENA E DA IMPORTÂNCIA DAS ÁRVORES PARA SUA COMUNIDADE.
DISPONÍVEL EM: <http://www.embrapa.com.br/busca-de-publicacoes/-/publicacao/253489/yvyra-poty-e-as-arvores-da-floresta>. ACESSO EM: 25 MAR. 2017.

📍 PARA VISITAR

JARDIM BOTÂNICO.
PESQUISE SE HÁ ALGUM PRÓXIMO A VOCÊ E AGENDE UMA VISITA! MAIS INFORMAÇÕES EM: <http://meioambiente.culturamix.com/natureza/jardins-botanicos-no-brasil>.

UNIDADE 4 — As pessoas

1. No Bairro da Alegria moram pessoas de diferentes idades. Conheça alguns dos moradores e descubra o número da casa de cada um.

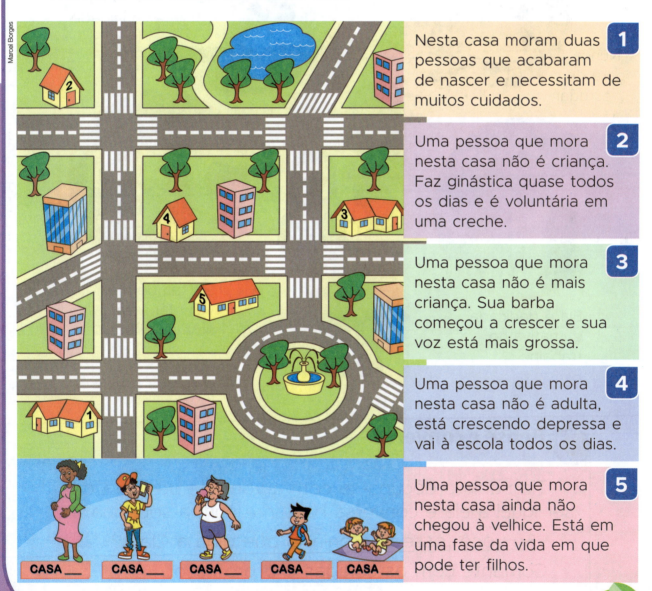

1 Nesta casa moram duas pessoas que acabaram de nascer e necessitam de muitos cuidados.

2 Uma pessoa que mora nesta casa não é criança. Faz ginástica quase todos os dias e é voluntária em uma creche.

3 Uma pessoa que mora nesta casa não é mais criança. Sua barba começou a crescer e sua voz está mais grossa.

4 Uma pessoa que mora nesta casa não é adulta, está crescendo depressa e vai à escola todos os dias.

5 Uma pessoa que mora nesta casa ainda não chegou à velhice. Está em uma fase da vida em que pode ter filhos.

61

As pessoas se desenvolvem

Clara, uma garota de 7 anos de idade, admira muito sua tia Sônia, que tem 50 anos, disposição e talento para fazer diversas atividades. Ela quer ser igual à tia. Mas o problema é que ela já se imagina fazendo todas as atividades que a tia faz! Será possível?

Nunca para de estudar.

Acorda cedo e faz atividade física.

Ela é dedicada e criativa no trabalho.

Ela também é voluntária em uma creche!

Pense e converse

Tia Sônia preocupa-se com a vontade de Clara de ser igual a ela e conversa bastante com a sobrinha.

• Se você fosse tia Sônia, o que diria a Clara?

Comente com os colegas e o professor.

O desenvolvimento nas fases da vida

Você já estudou que os seres vivos mudam ao longo do tempo.

Nos seres humanos, cada fase da vida recebe um nome: **infância**, **adolescência**, **vida adulta** e **velhice**.

Infância (de 0 a 12 anos): a criança nasce e cresce rapidamente ao longo dos anos. No início da infância, ela é totalmente dependente do cuidado dos adultos. Aos poucos, passa a fazer diversas atividades sozinha.

Durante a infância a criança pode desenvolver muitas habilidades, como a fala e a escrita.

Adolescência (de 13 a 17 anos): o crescimento continua, mas ocorrem várias outras mudanças no corpo dos meninos e das meninas.

Na adolescência, os jovens começam a ter características que estarão presentes na vida adulta.

Fase adulta (de 18 a 60 anos): o corpo atinge o máximo de desenvolvimento. As pessoas são capazes de cuidar de si mesmas e exercem diferentes funções. De maneira geral, é na fase adulta que as pessoas têm filhos.

Os adultos têm responsabilidades que as crianças e os jovens geralmente não têm.

Velhice (a partir dos 60 anos): é a segunda parte da vida adulta. A pessoa já tem muita experiência de vida e seu organismo começa a ficar mais **debilitado**. Práticas saudáveis nas outras fases da vida ajudam os idosos a manter o bem-estar físico e mental.

Debilitado: enfraquecido.

Durante a velhice é importante manter-se ativo e motivado.

- Retorne à página 62. Na conversa sobre o que diria a Clara, você considerou que ela deveria aguardar até chegar à fase adulta para poder fazer as mesmas atividades que tia Sônia faz?

64

Giramundo

Sempre é tempo de aprender e criar

Apesar de o corpo não crescer mais na idade adulta, o desenvolvimento humano não para. Isso ocorre porque as pessoas são capazes de usar a criatividade e aprender continuamente. Algumas delas viveram momentos marcantes de sua carreira no final da fase adulta ou na velhice. Veja alguns exemplos.

O artista italiano Michelangelo (1475-1564) terminou uma de suas maiores obras aos 66 anos: a pintura da Capela Sistina, com vários e belos desenhos.

Retrato de Michelangelo.

Teto da Capela Sistina. Roma, Itália, 2015.

A poetisa brasileira Cora Coralina (1889-1985) começou sua carreira de escritora aos 50 anos, e lançou seu primeiro livro de poemas somente aos 75 anos.

Fotografia de Cora Coralina em 1983.

Atividade

1. Complete as frases a respeito do ciclo de vida de André e relacione-as corretamente com as imagens.

a)

b)

c)

d)

As cores e as proporções entre os tamanhos dos seres vivos representados não são as reais.

I André chegou ao máximo de seu desenvolvimento físico e teve um filho. Ele estava na _____.

II Já não era criança e seu corpo estava passando por mudanças. Ele estava na _____.

III Nessa etapa era cuidado pelos adultos e crescia rapidamente. Ele estava na _____.

IV André está agora na segunda etapa da idade adulta e seu rosto tem rugas. Ele está na _____.

O que estudamos

- O ciclo de vida dos seres humanos é dividido em fases: infância, adolescência, idade adulta e velhice.
- A infância vai de 0 a 12 anos; a adolescência, de 13 a 17 anos; a fase adulta, de 18 a 60 anos. A segunda fase da idade adulta se inicia aos 60 anos e é chamada de velhice.
- O desenvolvimento do corpo é acompanhado de diferentes atividades sociais, e o aprendizado ocorre durante toda a vida.

Seres humanos nas quatro fases do ciclo de vida.

Retomada

1. Júlia, Sara, Márcia e Rosa têm semelhanças e algumas diferenças.

   a) Siga as dicas e descubra quem é quem.
   - Júlia não é criança.
   - Sara é mais alta que Júlia.
   - Márcia não é tão alta quanto Júlia.
   - Rosa tem cabelos castanhos.

_____ _____ _____ _____

   b) Em que fase da vida está cada uma das mulheres acima?

   Júlia _____

   Márcia _____

   Sara _____

   Rosa _____

2. Ligue a descrição de cada pessoa à imagem correspondente.

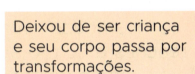

Deixou de ser criança e seu corpo passa por transformações.

Já tem bastante experiência de vida.

Aprendeu a andar e a falar, mas ainda precisa de cuidados.

Seu corpo está totalmente desenvolvido e não crescerá mais.

Não fala e depende totalmente dos adultos.

Periscópio

📖 Para ler

Bruna, a tagarela, de Mailza de Fátima Barbosa. São Paulo: Editora do Brasil, 2017.
Bruna adora conversar. Fala tanto que até cansa seus amigos na escola. Seus professores, às vezes, se incomodam. Intrigada, após o choque inicial com essas reações e com o apelido que recebeu, Bruna aprende que alguns momentos pedem um comportamento diferente. Ela descobre um lugar para se expressar livremente.

Mari e as coisas da vida, de Tine Mortier e Kaatje Vermeire. São Paulo: Pulo do Gato, 2012.
É a história da relação de Mari, que é criança, e sua avó. Nessa relação de amor, Mari aprende como é envelhecer.

O apelido de Mariana, de Cristina Von. São Paulo: Callis, 2008.
Será que é legal usar as diferenças entre as pessoas para colocar apelidos negativos nelas? Claro que não! Mariana aprende que podemos ver o melhor nos outros.

Deixa que eu faço! Aprendendo sobre responsabilidade, de Brian Moses e Mike Gordon. São Paulo: Scipione, 2003.
O livro trabalha a importância de realizar certas atividades cotidianas, de forma a fazer as crianças compreenderem a importância de ser responsável. No livro são apresentadas situações que exploram esse tema, além de dar sugestões para o trabalho em sala de aula e dicas para as crianças.

Cuidados na infância

1. Nesta casa há nove situações que podem provocar acidentes aos moradores, em especial as crianças. Marque com um **X** essas situações.

Bonecos e crianças

Você conhece a história de Pinóquio? Seu professor vai contá-la à turma.

1. Agora, de acordo com os acontecimentos, numere as cenas que ilustram a história.

Pense e converse

- Gepeto gostava muito de Pinóquio e o tratava como filho. Em sua opinião, um boneco precisa receber os mesmos cuidados de uma criança? Comente suas ideias com os colegas e o professor.

Importância da saúde

Nos primeiros anos de vida as crianças dependem de cuidados dos adultos. Mesmo assim, muitas das práticas para alcançar uma vida saudável dependem de cada um. É o caso, por exemplo, da escolha dos **alimentos** consumidos, de reservar momentos para **atividades físicas**, **lazer** e **descanso** e de manter bons **hábitos de higiene**.

É importante cuidar da alimentação. Os alimentos dão energia, constroem o corpo e fazem o organismo funcionar bem.

Os alimentos que **constroem o corpo**, ou seja, que o fazem crescer e se desenvolver, são carnes, ovos, leite, feijão e soja.

Os alimentos que **fornecem energia** são principalmente arroz, mandioca, macarrão, batata, pão e milho.

Os alimentos que **ajudam a regular as funções do corpo** são as frutas e as verduras.

Esquema simplificado que divide os alimentos em três tipos.

Fazer atividades físicas regularmente ajuda a manter a saúde. Várias brincadeiras também são atividades físicas.

1. Que atividade física você mais gosta de fazer?

2. Os momentos de lazer proporcionam prazer, seja sozinho, seja com outras pessoas.

   a) Assinale as práticas de lazer de que você mais gosta.

   ☐ ler
   ☐ desenhar
   ☐ ir ao cinema
   ☐ ouvir música
   ☐ dançar
   ☐ nadar
   ☐ tocar um instrumento
   ☐ jogar bola

   b) Além dessas, que outras atividades de lazer você pratica?

   _____

   _____

Depois de tanta atividade, o organismo precisa descansar para repor as energias. Como isso ocorre? Com uma boa noite de sono.

Manter bons hábitos de higiene também é importante para você ter boa saúde. Por isso, é preciso cuidar da limpeza do corpo, dos alimentos e do lugar em que mora.

3. O que você faz diariamente para manter a higiene?

_____

_____

Retome a conversa que ocorreu na página 72. O Pinóquio precisaria desses cuidados que você estudou para ter saúde? Por quê?

Importância da segurança

Você sabia que, no Brasil, os acidentes que acontecem em casa, como afogamentos, quedas, queimaduras e intoxicações, são a principal causa de morte de crianças de até 9 anos?

1. Na casa mostrada na abertura da unidade (página 71), as crianças:

   a) correm risco de cair? Cite o motivo.

   _____
   _____
   _____

   b) correm risco de se queimar? Cite o motivo.

   _____
   _____

   c) correm risco de se intoxicar? Cite o motivo.

   _____
   _____

   d) correm risco de se afogar? Cite o motivo.

   _____
   _____

2. O que os moradores deveriam fazer para deixar essa casa mais segura? Converse com os colegas e o professor.

Atividades

1. As imagens a seguir mostram hábitos saudáveis. Escreva uma frase para cada um deles explicando de que forma eles são importantes para a saúde.

2. Parece que Tico está com fome, não é? Olha o que ele está pedindo para comer. Em sua opinião, essa é uma refeição saudável?

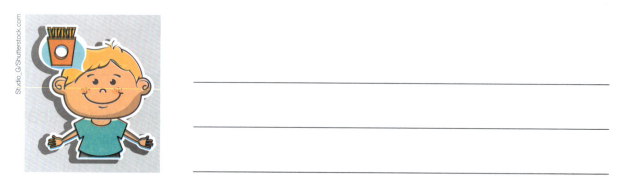

O que estudamos

- Para crescer com saúde é preciso:
  - cuidar da alimentação;
  - reservar momentos para atividades físicas, lazer e descanso;
  - manter bons hábitos de higiene.
- Para evitar acidentes domésticos pode-se seguir alguns cuidados simples, como:
  - guardar medicamentos, produtos de limpeza e objetos cortantes em locais altos e fechados;
  - proteger sacadas e janelas com grades ou redes de proteção;
  - posicionar para dentro o cabo das panelas sobre o fogão;
  - colocar protetores nas tomadas.

A convivência em família e com amigos pode ser um bom momento de descanso e lazer.

Retomada

1. Encontre no diagrama as palavras que completam corretamente as sentenças.

A	L	I	M	E	N	T	O	S	C	X	B	O	Q
E	U	R	L	W	G	L	M	I	H	P	M	X	Y
E	O	B	B	D	C	Y	U	L	R	N	P	Z	X
S	Y	E	E	V	F	E	Q	M	O	D	Q	T	K
S	U	J	I	K	Y	P	O	I	Y	B	A	K	B
Q	N	I	E	N	E	R	G	I	A	Y	S	L	W
I	C	I	Y	P	P	A	R	E	G	U	L	A	R
Z	L	H	G	U	G	K	S	U	Q	E	C	C	J
D	V	K	A	Z	A	Z	O	O	I	W	A	U	O
C	O	N	S	T	R	O	E	M	E	H	W	X	E
E	Y	P	W	R	B	B	M	H	K	E	E	A	E
O	C	T	Z	Y	Q	H	Y	N	K	X	U	E	E
V	Q	A	H	P	P	S	G	H	Y	O	U	I	L
A	M	B	I	E	N	T	E	U	O	I	U	Y	Z

- Entre os bons hábitos de higiene, estão os cuidados de limpeza com o _____ e com os _____ que serão consumidos.

- A alimentação das pessoas deve ser variada porque alguns alimentos fornecem _____, outros _____ o corpo e há aqueles que ajudam a _____ as funções dele.

78

2. Veja, a seguir, algumas dicas para reduzir o risco de acidentes durante as férias.

a) Por que durante as férias o risco de acidentes domésticos é maior?

_____

_____

b) Em sua opinião, alguns desses itens também devem ser observados por pessoas idosas? Quais? Explique sua resposta.

_____

_____

Periscópio

📖 Para ler

Amanda no país das vitaminas, de Leonardo Mendes Cardoso. São Paulo: Editora do Brasil, 2016.
Amanda era fraquinha e não gostava de comer frutas e legumes. Adorava guloseimas empacotadas, com corante e gordura, daquelas que se compram no mercado. Sua saúde era ruim. A menina não tinha forças para pular e correr...

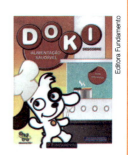

Doki descobre Alimentação saudável, de Carolina Gonçalves. Curitiba: Fundamento, 2009.
Como se alimentar de forma saudável: as refeições do dia, os tipos de alimentos e suas funções no corpo.

Estou em forma? Aprendendo sobre nutrição e atividade física, de Claire Llewellyn. São Paulo: Scipione, 2002.
Nesse livro, você descobrirá formas de manter o corpo saudável por meio de bons hábitos alimentares e divertidas atividades físicas.

👆 Para acessar

Biblioteca Virtual em Saúde (BVS): Saúde bucal.
Publicação digital que explica como cuidar da saúde da boca através de um passo a passo sobre como limpar os dentes corretamente. Disponível em: <http://bvsms.saude.gov.br/bvs/dicas/196_saude_bucal.html>. Acesso em: 14 nov. 2017.

UNIDADE 6
Transformações dos ambientes

1. Circule as seis diferenças entre os dois ambientes.

O ser humano nos ambientes

Você gosta de aventuras? Imagine que você e um grupo de colegas passarão uns dias em uma floresta como a da fotografia abaixo.

A Mata Atlântica é um tipo de floresta encontrada no litoral do Brasil.

 Pense e converse

- Se você fosse o organizador do passeio, o que levaria na mochila? Por quê?
- Na floresta, o que vocês terão de fazer para sobreviver?

Comente suas ideias com os colegas e o professor.

Você já estudou que cada ambiente tem características próprias.

Em alguns ambientes, as pessoas encontram condições necessárias para viver, em outros, não.

1. Observe as fotografias dos ambientes abaixo e pense nas dificuldades que as pessoas teriam para viver neles.

As imagens não estão representadas na mesma proporção.

Os recifes de corais abrigam muitos animais marinhos.

A Caatinga é um ambiente quente e seco.

O Vale de Aosta é uma região montanhosa e fria da Itália.

As florestas tropicais são ambientes quentes e úmidos.

a) Converse com os colegas e o professor.

- Em qual desses ambientes o ser humano teria mais dificuldade para viver? Por quê?
- Em qual desses ambientes o ser humano teria mais facilidade para viver? Por quê?

Ambientes naturais e ambientes modificados

A história em quadrinhos a seguir representa algumas etapas da formação de uma cidade, só que falta a primeira imagem.

As cores e as proporções entre as estruturas representadas não são as reais.

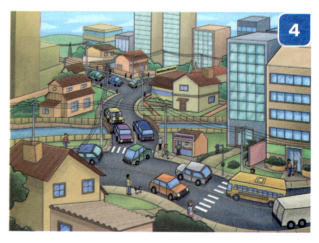

1. Converse com a turma e o professor.
   a) Como você acha que era o ambiente no primeiro quadrinho? O que havia nele?
   b) No último quadrinho, que tipo de componentes estão presentes? Quais desapareceram?
   c) Com base em tudo o que vocês conversaram, desenhe como era o ambiente do primeiro quadrinho.

84

Observe alguns exemplos de ambientes:

Na Mata Atlântica existem cerca de 20 mil tipos de plantas. Parque Nacional da Serra dos Órgãos, Região Serrana, Rio de Janeiro.

O Cerrado ocupa a região central do Brasil. Parque Nacional da Chapada dos Veadeiros, Alto Paraíso de Goiás, Goiás.

Nas fotografias, parece que esses locais ainda não haviam sido modificados pelos seres humanos.

As imagens não estão representadas na mesma proporção.

- O desenho que você fez na página anterior ficou parecido com os ambientes das fotografias?

Ao ocupar os diferentes ambientes, as pessoas retiram plantas e animais, modificam o curso dos rios, abrem estradas.

Assim, os **ambientes naturais** são transformados pela ação humana em **ambientes modificados** ou **construídos**.

As cidades são ambientes construídos pelos seres humanos.

85

Transformar para buscar soluções

Em geral, o ser humano modifica um ambiente para atender às suas necessidades e aproveitar melhor os espaços.

> As imagens não estão representadas na mesma proporção.

1. Relacione o número de cada fotografia ao objetivo em função do qual o ambiente foi modificado.

Horta.

Conjunto habitacional. Belém, Pará, 2012.

Gado no pasto.

Parque infantil.

Unidade Básica de Saúde (UBS). Gurjão, Paraíba, 2014.

Escola Municipal. Porto Real do Colégio, Alagoas, 2015.

☐ cuidado com os doentes

☐ moradia para as pessoas

☐ plantio de alimentos

☐ educação

☐ diversão

☐ criação de gado

Às vezes há prejuízos

Leia as manchetes a seguir.

As imagens não estão representadas na mesma proporção.

Lama vinda de mineradora inunda a cidade de Mariana (MG)

Destruição em povoado após rompimento de barragem. Mariana, Minas Gerais, 2015.

Desmatamento aumenta área de "deserto" no Rio Grande do Sul

Área desertificada em decorrência da ação humana. Manoel Viana, Rio Grande do Sul, 2016.

Estrada na Amazônia permite carregar madeira ilegal de áreas protegidas

Carregamento ilegal de madeira. Anapu, Pará, 2008.

Poluição mata peixes na Lagoa Rodrigo de Freitas

Peixes mortos na Lagoa Rodrigo de Freitas. Rio de Janeiro, Rio de Janeiro, 2015.

1. Converse com os colegas e o professor.

a) Quem ou o quê foi prejudicado nessas situações?

_____

_____

_____

b) Você acha que ações humanas provocaram essas situações? Conte suas ideias para a turma.

87

Atividade

1. Observe a fotografia desses dois locais e responda às questões.

As imagens não estão representadas na mesma proporção.

Vista aérea da cidade. Lajeado, Tocantins, 2015.

Vista de vila de pescadores. Florianópolis, Santa Catarina, 2014.

a) As fotografias são de ambientes naturais?

☐ Sim.   ☐ Não.

b) Qual dos ambientes parece ter sido mais modificado?

☐ Lajeado.   ☐ Vila de pescadores.

c) O que você observou nas imagens para classificar os ambientes em naturais ou não? Converse com os colegas e o professor e, juntos, escrevam a resposta.

_____
_____
_____

O que estudamos

- Os ambientes podem ser naturais ou modificados.
- Nos ambientes naturais não há alterações feitas pelos seres humanos, como construções, por exemplo.
- Nos ambientes modificados é possível perceber a ação humana, como a presença de construções.
- Os seres humanos transformam o ambiente para atender às suas necessidades, como obtenção de alimento, construção de moradias e estradas.
- As transformações podem trazer benefícios e prejuízos aos componentes dos ambientes.

Ambiente natural. Parque Estadual Pico do Jabre. Matureia, Paraíba, 2014.

Retomada

1. No início desta unidade, você e alguns colegas foram convidados a imaginar um passeio por uma mata. Agora suponha que vocês montaram barracas no ambiente retratado na fotografia abaixo, que aparentemente não havia sido modificado anteriormente.

a) De acordo com a imagem, esse ambiente foi modificado por vocês?

☐ Sim.   ☐ Não.

b) O ambiente foi transformado porque:

☐ choveu durante a noite.

☐ colocaram fogo na mata.

☐ o mato foi derrubado para a montagem da barraca.

c) A transformação ocorrida foi:

☐ grande.   ☐ pequena.

2. As imagens a seguir mostram um mesmo local em três épocas diferentes. Observe-as e responda:

As cores e as proporções entre as estruturas representadas não são as reais.

a) O que mudou na paisagem 2 em relação à paisagem 1? E na paisagem 3 em relação à paisagem 2?

_____

_____

_____

3. Observe a cena e complete a frase com as palavras: **ambiente/prejudica/modifica**.

- Algumas vezes, o ser humano _____ um local e _____ os seres vivos desse _____.

91

Periscópio

📖 Para ler

A Terra pede socorro, de Pedro Paulo da Luz. Jundiaí: Artpensamento, 2010.
Uma história sobre educação ambiental e educação dos sentimentos.

▶ Para assistir

Os Sem-floresta, direção de Tim Johnson e Karey Kirkpatrick, 2006.
O que acontece quando os animais saem de seu hábitat natural e passam a conviver com seres humanos?

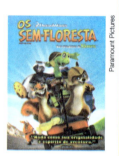

👆 Para acessar

Ciência Hoje das Crianças: corra pela floresta e divirta-se com o jogo do Rex. Disponível em: <http://chc.org.br/jogo/aventuras-do-rex-na-floresta>. Acesso em: 28 fev. 2017.

📍 Para visitar

Portal do Ministério do Meio Ambiente: os Parques Nacionais são áreas que o estado protege para manter as características naturais locais. Informe-se mais sobre essas áreas acessando o *site* da instituição. Disponível em: <www.icmbio.gov.br/portal/visitacao1/visite-os-parques>. Acesso em: 28 fev. 2017.

UNIDADE 7
Recursos naturais, materiais e objetos

1. Faça um **X** nos sete objetos usados no dia a dia que estão escondidos nesta imagem. Depois, escreva o nome deles.

_____

_____

_____

_____

_____

_____

_____

93

Transformar e utilizar

Vânia e Leonardo trabalham em uma fábrica de papel. Um dia, enquanto voltavam de uma viagem, depararam-se com esta situação:

Pense e converse

- O que você responderia para a menina?

Comente suas ideias com os colegas e o professor.

94

Recursos naturais

Os seres humanos precisam de ar para respirar, de água para beber e se banhar e de alimentos para comer. Além disso, as pessoas utilizam os componentes da natureza de muitas outras formas.

A **argila**, por exemplo, é um material extraído do solo. Para ser utilizada na fabricação de objetos, ela passa por transformações. Veja:

As cores e as proporções entre as estruturas representadas não são as reais.

Esquema simplificado de produção e utilização da argila.

Dois componentes utilizados na fabricação do vidro são a **areia** e o **calcário** retirados do solo. Veja:

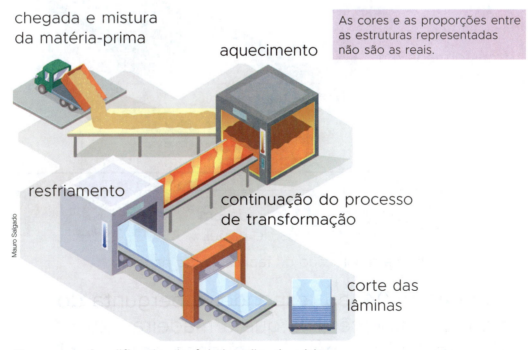

Esquema simplificado de fabricação do vidro.

Argila, areia e calcário existem na natureza, ou seja, não foram fabricados pelo ser humano.

Assim também acontece com o **ar**, a **água**, o **solo**, a **luz** e o **calor do Sol**. Esses componentes não podem ser fabricados. Eles são chamados de **recursos naturais**, isto é, recursos formados pela própria natureza. Os **seres vivos** – animais e plantas – também são recursos naturais.

Da madeira é possível obter a **celulose**, material usado para fabricar papel.

As cores e as proporções entre as estruturas representadas não são as reais.

Esquema simplificado de fabricação do papel.

Na página 94, ao responder à pergunta do personagem, você diria que a madeira extraída do eucalipto é usada para a fabricação do papel?

Materiais e objetos

Um caderno, um copo e uma panela são objetos com funções diferentes. Cada um deles é feito de um tipo de material.

1. Pense nos objetos que existem onde você mora e nos materiais de que eles são feitos. Preencha a tabela com pelo menos dois exemplos.

Material	Objetos
borracha	
plástico	
metal	
papel	
vidro	

2. Ligue cada objeto ao material usado para fabricá-lo.

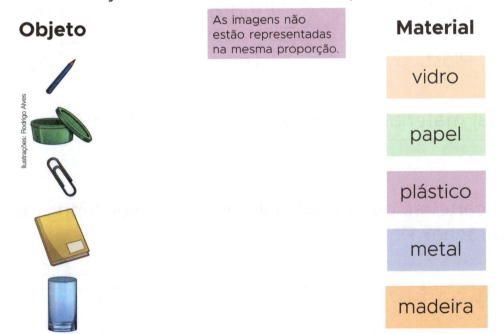

As imagens não estão representadas na mesma proporção.

97

Função do objeto e o material de que ele é feito

Veja que situação! No meio da partida começou a chover.

As cores e as proporções entre as estruturas representadas não são as reais.

Para ajudar, um jovem trouxe jornais para a torcida se cobrir. Será que isso vai dar certo? Comente suas ideias com os colegas e o professor.

1. Que materiais poderiam ser usados para produzir um copo? Marque-os com um **X**.

   ☐ Madeira.   ☐ Vidro.   ☐ Metal.

   ☐ Plástico.   ☐ Tecido.   ☐ Porcelana.

2. Qual material você não marcou na atividade 1? Por quê?

   _____

3. As carteiras da sala de aula poderiam ser fabricadas com borracha? Por quê?

   _____

   _____

98

4. Ligue, no quadro abaixo, o objeto ao material de que pode ser feito e à sua função.

Objeto	Material de que pode ser feito	Função
copo	papel	preparar alimentos
panela	metal	apresentar histórias
livro	vidro	conter líquidos

Converse com os colegas e o professor sobre as seguintes questões:

- Uma panela poderia ser feita de vidro? E de papel? Por quê?
- Um livro poderia ser feito de vidro? E de metal? Por quê?

5. Você já viu um lápis desse tipo? De que material ele deve ser feito? Por quê?

☐ Isopor.

☐ Vidro.

☐ Borracha.

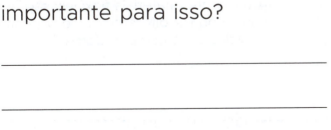

Lápis flexíveis.

6. Em geral, por que as janelas são feitas de vidro? Qual característica desse material é importante para isso?

_____

_____

Janelas são comuns no local em que as pessoas moram.

Propriedade dos materiais

As imagens não estão representadas na mesma proporção.

Para se proteger da chuva, os torcedores deveriam se cobrir com um objeto feito de material impermeável — por exemplo, um guarda-chuva.

Impermeabilidade é a propriedade do material que não permite a passagem de líquidos, como a água. Os materiais **impermeáveis** são usados para fabricar capas, guarda-chuvas e roupas de mergulho, por exemplo.

Bota de borracha impermeável.

Materiais **permeáveis** têm alta absorção. Muitos tipos de papel, como o jornal, e grande parte dos tecidos absorvem líquidos.

O papel higiênico e a toalha são materiais absorventes.

Um lápis dobrável não pode ser feito de madeira ou de vidro, não é mesmo?

A propriedade de um material de dobrar quando submetido a forças exteriores e não quebrar é chamada de **flexibilidade**. A borracha e o papel são materiais flexíveis.

Atualmente, materiais flexíveis são usados para produzir diferentes objetos, como teclados para computadores.

Transparência é a propriedade dos materiais relacionada à passagem da luz. É possível enxergar perfeitamente através de materiais transparentes, como o vidro.

Como era no passado?

Atualmente, para se alimentar as pessoas usam pratos e talheres – garfo, faca e colher. Para beber, usam copos e xícaras; para preparar os alimentos, usam panelas.

E no passado, antes de esses utensílios serem inventados, como as pessoas comiam e tomavam líquidos?

Comente suas ideias com os colegas e o professor.

As primeiras colheres eram feitas com galhos presos a conchas. No início, serviam somente para mexer ingredientes dentro de potes e panelas. Com o tempo, passaram a ser usadas para comer alimentos líquidos e pastosos.

Antes da invenção das panelas, os alimentos eram cozidos em cascos de tartaruga e em conchas. Depois que as panelas foram inventadas, foi possível cozinhar quantidades maiores de alimentos mergulhados em água.

E quanto às facas e aos garfos? Leia o texto a seguir:

[...]
Garfo

Data da invenção: século XI, na Europa.

Embora seja usado em conjunto com a faca, o garfo é uma invenção mais recente. [passou a ser usado no] século XVII, quando os italianos descobriram que comer macarrão com ele era mais fácil do que com a mão.

Alguns talheres antigos.

101

Faca

Data de invenção: há 2 milhões de anos, na Etiópia.

Criada antes da descoberta do fogo, a faca era necessária para cortar alimentos duros demais para o dente humano, como a carne, além de servir como arma. As boas maneiras à mesa, criadas pelos franceses, serviam para evitar acidentes com elas.

[...]

Natália Spinace. Um novo livro mostra a evolução dos utensílios de cozinha. *Época*, 2 dez. 2012. Disponível em: <http://revistaepoca.globo.com/Sociedade/noticia/2012/12/um-novo-livro-mostra-evolucao-dos-utensilios-de-cozinha.html>. Acesso em: 16 abr. 2017.

Preservação dos recursos naturais

Como não são fabricados pelas pessoas, os recursos naturais devem ser preservados.

O que você pode fazer?

Pratique as ações a seguir, que começam com a letra **R**.

Reduza o consumo: só compre o que for necessário.

Reutilize os objetos: aproveite-os para outra função.

Recicle os materiais: muitos objetos de papel, vidro, plástico e metal podem ser usados para fabricar novos produtos. Esses objetos devem ser separados e encaminhados aos centros de reciclagem.

1. Descreva duas atitudes suas que demonstrem cuidados com a preservação dos recursos naturais.

_____

_____

_____

Reciclagem de materiais

- Você sabia que a garrafa PET de hoje pode ser uma blusa amanhã?

É isso mesmo! Depois de processado, o material das garrafas pode ser transformado em tecido, que é usado para confecção de roupas. Até o tecido conhecido como *jeans* está sendo fabricado com esse material.

Blusa feita de tecido produzido com garrafas PET.

2 PETS + ALGODÃO = SUA CAMISETA

Esquema simplificado de matérias-primas necessárias para fazer uma camiseta.

- De que este tênis foi feito?

O tênis ao lado foi feito de plástico retirado do mar. Uma parte do material usado para fabricar o tênis vem de objetos retirados diretamente da água, outra parte vem de redes apreendidas de pescadores ilegais.

Tênis feito de plástico retirado do mar.

103

Atividades

1. Preencha os diagramas com as palavras que faltam nas frases abaixo.

   a) O plástico é um material

   ⬜⬜⬜⬜⬜⬜⬜⬜⬜⬜⬜ ,

   pois não permite a passagem da água.

   b) Alguns tecidos podem ser usados para enxugar superfícies molhadas porque eles são

   ⬜⬜⬜⬜⬜⬜⬜⬜⬜ .

   c) É possível fazer um rolo com uma folha de papel porque esse material é

   ⬜⬜⬜⬜⬜⬜⬜ .

   d) É possível enxergar nitidamente através do vidro quando ele é

   ⬜⬜⬜⬜⬜⬜⬜⬜⬜⬜⬜⬜ .

2. O papel é um material adequado para fazer brinquedos para bebês e crianças pequenas? Por quê?

   _____
   _____
   _____
   _____

104

O que estudamos

- Ar, água, solo, seres vivos e a luz e o calor do Sol são recursos naturais.
- Os recursos naturais são elementos que existem na natureza e não podem ser fabricados pelo ser humano.
- Para fabricar objetos, os seres humanos usam materiais, como a madeira, o papel, o vidro, a borracha e o metal.
- Na fabricação de um objeto, é importante que as propriedades do material do qual será feito sejam adequadas à função que ele terá.
- Algumas das propriedades dos materiais são: transparência, permeabilidade e flexibilidade.

Vidro derretido durante processo de fabricação.

Retomada

1. Usando lápis da mesma cor, pinte a moldura das três fotografias que indicam um recurso natural, o material extraído dele e o objeto feito com esse material. Siga o exemplo.

As imagens não estão representadas na mesma proporção.

recurso natural	matéria-prima	objeto/produto

2. Os objetos ilustrados são feitos principalmente de:

■ vidro　　■ plástico　　■ madeira　　■ metal

Pinte-os de acordo com a legenda.

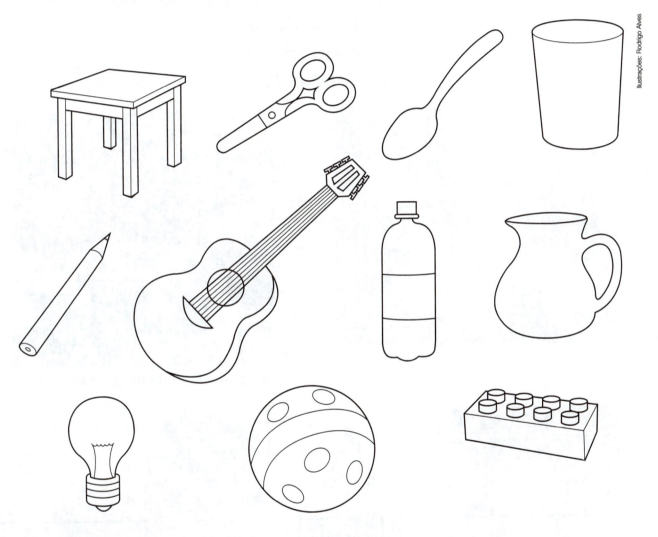

3. Que tipo de material você usaria para fazer:
  a) uma janela?
　　☐ Opaco.　　　　　　☐ Transparente.
  b) uma roupa de mergulho?
　　☐ Permeável.　　　　☐ Impermeável.

107

Construir um mundo melhor

🌱 Mais do que falar, é preciso agir!

Você e sua turma já sabem que é importante reutilizar os objetos. Afinal, muito do que é descartado pode ser reutilizado para uma nova finalidade.

Veja o que pode ser produzido com embalagens que seriam jogadas fora!

As imagens não estão representadas na mesma proporção.

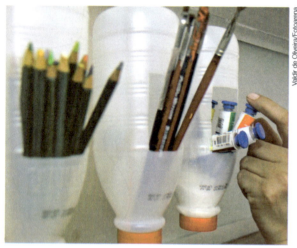

Porta-lápis feito com garrafas de plástico.

Horta suspensa feita com garrafas PET.

Porta-objetos feito com potes de conserva.

Brinquedo feito com latinhas.

Chocalhos feitos com garrafas PET.

108

Agora é com vocês!

O que fazer

Em casa, separem garrafas PET, embalagens longa vida e de plástico, latas de alumínio de alimentos ou bebidas e a parte interna de rolos de papel alumínio ou outros papéis. Peguem também outras embalagens que possam ser reaproveitadas!

Materiais que podem ser reaproveitados.

Como fazer

No dia indicado pelo professor, vocês devem trazer o material para a aula.

Ele vai providenciar cola, fita adesiva, canetas hidrográficas, lápis de cor e tesoura sem ponta.

Depois que vocês se organizarem em grupos, é só usar a imaginação e construir brinquedos e objetos para serem usados em casa e na escola!

Periscópio

📖 Para ler

Manual do defensor do planeta, de João Alegria e Rodrigo Medeiros. São Paulo: Casa da Palavra, 2010.
O livro conta a história de Theo, que apresenta novas ideias para a preservação de nosso planeta.

Reciclagem – A aventura de uma garrafa, de Mick Manning. São Paulo: Ática, 2008.
Aborda a trajetória de resíduos descartados sem cuidado. Também explica os processos e a importância da reciclagem.

👆 Para acessar

De onde vem?: há vários vídeos produzidos pela TV Escola com episódios que explicam o processo de fabricação de materiais como: plástico, papel e vidro. Disponíveis em:
<http://tvescola.mec.gov.br/tve/video/de-onde-vem-de-onde-vem-o-plastico>;
<http://tvescola.mec.gov.br/tve/video/de-onde-vem-de-onde-vem-o-papel>;
<http://tvescola.mec.gov.br/tve/video/de-onde-vem-de-onde-vem-o-vidro>.
Acessos em: 1º mar. 2017.

Sol – calor e luz

1. Circule a sombra correta destes dois animais e escreva o nome deles.

_____   _____

2. Agora desenhe a sombra destas frutas.

O calor do Sol

Uma das formas de aquecer o corpo quando está frio é ficar um pouco sob o Sol. E quando o dia está muito quente, como podemos sentir menos calor?

Na aula de Educação Física, o professor propôs um jogo de vôlei do 2º ano **A** contra o 2º ano **B**. Os times eram mistos, meninos e meninas jogaram nas duas equipes.

O 2º ano **A** jogou de camiseta branca e o 2º ano **B** ficou com as camisetas pretas.

A manhã estava quente e o jogo terminou depois de 40 minutos. O 2º **A** ganhou.

Joana, uma aluna do time que perdeu, disse:

– Também, quem aguenta esse calor insuportável?

 Pense e converse

• Por que Joana disse isso? Afinal, o time que ganhou estava sob o Sol, não é?

Comente suas ideias com os colegas e o professor.

Absorção e transmissão de calor

O professor de Ciências estava assistindo ao jogo e ouviu o comentário da aluna. Para explicar essa "diferença" na sensação **térmica**, propôs, na aula seguinte, uma atividade prática para todos os alunos do 2º ano.

Ele trouxe de casa duas latas: uma estava pintada de branco e a outra, de preto. Encheu as duas latas com água e colocou um **termômetro** dentro de cada uma.

Térmico: relativo à temperatura.
Termômetro: instrumento para medir a temperatura.

Depois levou as latas para o pátio e as deixou sob o Sol durante 40 minutos. Passado o tempo, levou as latas para a sala de aula.

Ao observar os termômetros, o professor contou à turma que a água de uma das latas estava mais quente, ou seja, a temperatura dessa lata estava mais alta do que a da outra.

Em seguida, ele perguntou aos alunos:

– Que água vocês acham que está mais quente: a da lata branca ou a da lata preta?

– Essa diferença tem alguma relação com o jogo de ontem? Qual?

1. Se fizesse parte dessa turma, o que você responderia? Conte aos colegas e ao professor.

113

Também quero fazer

A absorção do calor

O tipo de material (areia ou água) e a cor do objeto (branco ou preto) interferem na absorção do calor do Sol? Anote suas ideias.

_____

_____

Material:
- 2 latas de refrigerante pintadas de preto;
- 2 latas de refrigerante pintadas de branco;
- 2 termômetros que possam ter contato com água.

Modo de fazer

1. Encha uma lata pintada de preto com água e a outra, com areia. Faça o mesmo com as brancas.

2. Introduza os termômetros nas latas com água e deixe-as na sombra por 5 minutos. Verifique a temperatura das latas e anote os valores na tabela.

3. Depois coloque as duas latas com água sob o Sol por 15 minutos. Em seguida, verifique a temperatura da água e anote os valores na tabela.

Temperatura das latas com água			
Na sombra		No Sol por 15 minutos	
branca:	preta:	branca:	preta:

4. Repita as etapas 2 e 3 com as latas que estão cheias de areia e anote os valores na tabela abaixo.

Temperatura das latas com areia			
Na sombra		No Sol por 15 minutos	
branca:	preta:	branca:	preta:

Conclusão

- A partir dos dados que obteve, é possível afirmar que a cor do objeto e o tipo de material interferem na absorção do calor? Suas ideias se confirmaram? Explique.

_____

_____

_____

Estudo da sombra

Certamente você já deve ter visto sua sombra no chão. Mas você sabe o que ocorre com sua sombra ao longo do dia? Anote suas ideias.

_____

Material:
- uma folha de jornal (página dupla);
- caneta vermelha;
- um palito de madeira de 20 centímetros de comprimento;
- um pouco de massa de modelar.

115

Modo de fazer

1. Espere até que haja uma manhã com bastante Sol, pegue o material e vá até um local onde o Sol incida o dia todo.

2. Estenda a folha de jornal no chão e espete o palito na massa, de forma que ele fique em pé.

3. Coloque essa montagem no meio da folha de jornal e observe a sombra do palito.

4. Usando a caneta, contorne a sombra projetada do palito e escreva o horário.

5. Repita o processo ao meio-dia e no final da tarde. Em todas as vezes, não se esqueça de observar a posição do Sol no céu.

6. Leve a folha de jornal com o contorno das sombras para a sala de aula e compare seu trabalho com o dos colegas. Veja o que cada um fez e converse com eles sobre o resultado.

Conclusão

- A partir do que você verificou a respeito do tamanho da sombra ao longo do dia, suas ideias se confirmaram? Explique.

_____

_____

_____

A luz do Sol ao longo do dia

Ao realizar a atividade anterior, você deve ter reparado que o Sol surge no **horizonte** de um lado e se põe no lado oposto. Esse "movimento" do Sol faz parecer que, durante o dia, ele gira em torno da Terra. Só que esse movimento é apenas **aparente**.

Horizonte: linha circular em que o mar ou a terra parece se unir ao céu.

As imagens não estão representadas na mesma proporção.

Nascer do Sol em Copacabana. Rio de Janeiro, Rio de Janeiro, 2015.

Pôr do Sol na Praia de Copacabana. Rio de Janeiro, Rio de Janeiro, 2013.

Com esse "movimento", a luz do Sol atinge a superfície da Terra de formas diferentes, por isso a sombra de uma pessoa ou de um objeto no solo varia ao longo do dia. Observe:

Quanto mais cedo, mais compridas são as sombras. À medida que as horas passam, o tamanho das sombras diminui. No final da tarde, as sombras ficam mais compridas novamente, mas para o lado oposto.

117

Passar a manhã na praia é uma atividade de que quase todo mundo gosta.

Mas para o passeio ser agradável do começo ao fim é importante não se esquecer do protetor solar.

E também não é bom ir descalço à praia, sabe por quê? Porque conforme o dia vai passando, mais quente fica a areia. Tão quente que chega a queimar a planta dos pés dos banhistas.

Já quem anda na areia bem próxima ao mar ou dentro dele não tem esse problema. Só sente a água morna molhar os pés.

O protetor solar deve ser escolhido de acordo com o tipo de pele de cada pessoa: há produtos específicos para peles mais claras e outros para peles mais escuras.

Caminhar na areia molhada evita queimarmos os pés.

Atividade

1. Observe a sombra de uma árvore às 9 horas e às 11 horas. No último quadro, desenhe como deverá estar a sombra dessa árvore ao meio-dia.

118

O que estudamos

- O calor do Sol aquece o planeta.
- A cor de um objeto e o tipo de material do qual é feito influenciam na absorção do calor.
- A luz do Sol ilumina o planeta. As pessoas costumam chamar dia o período em que o Sol está presente no céu, e noite, quando está escuro. Depois de um dia sempre vem uma noite, ou seja, a sucessão de dias e noites nunca para.
- Durante o dia, o Sol faz um movimento aparente no céu.
- Por causa desse "movimento", a sombra de uma pessoa ou de um objeto no solo varia ao longo do dia.

O pôr do Sol determina o final do período claro do dia.

Retomada

1. Se você embrulhar uma barra de gelo com um pano branco e uma barra de gelo com um pano preto e colocar as duas barras sob o Sol:

    a) O que acontecerá com as duas barras?

    _____

    b) Haverá alguma diferença entre elas? Qual?

    _____

    _____

2. Analise a sequência de imagens acompanhando a mulher apontada pela seta.

    a) Agora associe as cenas aos horários.

    • Meio-dia: cena ☐.

    • 6 horas da manhã: cena ☐.

    • 8 horas da manhã: cena ☐.

    • 10 horas da manhã: cena ☐.

    b) Qual é o nome do movimento que cria a impressão de que o Sol se move no céu?

    _____

3. Complete as frases.

a) As _____ que se formam no chão são maiores no início e no final do dia.

b) O movimento do Sol no céu durante o dia é _____.

c) Em dias mais quentes é mais adequado usar roupas _____.

d) A _____ absorve o calor do Sol mais rapidamente do que a água.

4. Agora localize no diagrama as palavras que você usou para completar as frases acima.

G	Z	L	M	V	D	I	U	V	S	I	E
Y	B	I	C	M	Q	T	B	S	O	H	B
V	W	E	I	H	Z	F	P	I	M	V	D
U	E	O	Q	C	R	I	E	E	B	K	E
M	A	E	Y	T	X	X	P	O	R	H	E
W	E	J	E	O	O	E	P	A	A	E	O
E	N	O	Q	C	S	N	U	S	S	A	O
K	S	X	E	E	Y	F	P	R	O	R	Q
A	P	A	R	E	N	T	E	L	C	E	N
H	S	L	R	C	K	Q	W	I	Y	I	C
V	C	L	A	R	A	S	N	E	R	A	E
U	S	T	O	S	C	E	W	Q	K	I	U

121

📖 Para ler

O teatro de sombras de Ofélia, de Michael Ende. São Paulo: Ática, 2000.
O livro revela as aventuras de Ofélia, uma velhinha solitária, de voz fraquinha. Após perder o emprego no teatro, a doce Ofélia encontra companhia entre sombras sem dono e começa uma nova fase.

Quente e frio, de Emmanuel Bernhard. São Paulo: Companhia Editora Nacional, 2006.
O livro amplia o conteúdo visto nesta unidade e propõe alguns experimentos.

👆 Para acessar

Ciência dentro de casa:
página do *site* da revista *Ciência Hoje das Crianças* que traz dois experimentos que envolvem luz e sombra. Disponível em: <http://chc.org.br/ciencia-dentro-de-casa/>. Acesso em: 25 abr. 2018.

Referências

ALVAREZ, A. R.; MOTA, J. A. *Sustentabilidade ambiental no Brasil*: biodiversidade, economia e bem-estar humano. Brasília: Ipea, 2010. v. 7. (Série Eixos Estratégicos do Desenvolvimento Brasileiro).

ATLAS VISUAL DA CIÊNCIA. *Rochas e minerais*. Barcelona; Buenos Aires: Sol 90, 2007.

_____. *Vulcões e terremotos*. Barcelona; Buenos Aires: Sol 90, 2007.

BEGON, M.; TOWNSEND, C.; HARPER, J. *Ecologia*: de indivíduos a ecossistemas. São Paulo: Artmed, 2007.

BEI COMUNICAÇÃO. *Minerais ao alcance de todos*. São Paulo: BEI, 2004.

BIESTY, S. *Conhecer por dentro*. São Paulo: Folha de S.Paulo, 1995.

BRASIL. Instituto Brasileiro de Geografia e Estatística – IBGE. *Atlas de saneamento 2011*. Disponível em: <https://biblioteca.ibge.gov.br/index.php/biblioteca-catalogo?view=detalhes&id=253096>. Acesso em: 10 out. 2017.

_____. Lei nº 12.305, de 2 de agosto de 2010. Institui a Política Nacional de Resíduos Sólidos; altera a Lei nº 9.605, de 12 de fevereiro de 1998; e dá outras providências. *Diário Oficial da República Federativa do Brasil*, Brasília, 3 de ago. 2010.

_____. Ministério da Educação. *Base Nacional Comum Curricular*. 3. versão. Brasília: MEC, 2017.

_____. Ministério da Educação. Secretaria de Educação Básica. *A criança de 6 anos, a linguagem escrita e o Ensino Fundamental de nove anos*: orientações para o trabalho com a linguagem escrita em turmas de crianças de seis anos de idade. Belo Horizonte: UFMG; FAE; Ceale, 2009.

_____. Ministério da Saúde. Secretaria de Atenção à Saúde. Departamento de Atenção Básica. *Guia alimentar para a população brasileira*. 2. ed. Brasília: Ministério da Saúde, 2014.

_____. Secretaria de Educação Fundamental. *Elementos conceituais e metodológicos para definição dos direitos de aprendizagem e desenvolvimento do ciclo de alfabetização (1º, 2º e 3º anos) do Ensino Fundamental*. Brasília, 2012.

BRASIL. Secretaria de Educação Fundamental. *Ensino Fundamental de nove anos*: orientações para a inclusão da criança de seis anos de idade. 2. ed. Brasília: MEC, 2007.

_____. Secretaria de Educação Fundamental. *Parâmetros Curriculares Nacionais*: Ciências Naturais. Brasília: MEC, 1997.

BRUSCA, R. C.; BRUSCA, G. J. *Invertebrados*. Rio de Janeiro: Guanabara-Koogan, 2007.

CACHAPUZ, A. et al. (Org.). *A necessária renovação do ensino das ciências*. São Paulo: Cortez, 2011.

CAMPBELL, N. A.; TAYLOR, M. R.; REECE, J. B. *Biology: concepts & connections*. 6. ed. San Francisco: Addison Wesley, 2008.

CAMPOS, M. C. C.; NIGRO, R. *Didática de Ciências*: o ensino e aprendizagem com investigação. São Paulo: FTD, 1999.

_____. *Teoria e prática em Ciências na escola*. São Paulo: FTD, 2010.

CANTO, E. L. *Minerais, minérios, metais*: de onde vêm? Para onde vão? São Paulo: Moderna, 2004.

CARVALHO, A. M. P. de (Org.). *Ensino de Ciências*: unindo a pesquisa e a prática. São Paulo: Thomson Pioneira, 2006.

COLL, C. et al. *O construtivismo na sala de aula*. São Paulo: Ática, 2006.

COSTA, F. A. P. L. *Ecologia, evolução & o valor das pequenas coisas*. Juiz de Fora: Editora do Autor, 2003.

COSTA, Larissa; BARRÊTO, Samuel Roiphe (Coord.). *Cadernos de educação ambiental água para vida, água para todos*: livro das águas. Texto: Andrée de Ridder Vieira. Brasília: WWF Brasil, 2006. Disponível em: <www.wwf.org.br/informacoes/blibioteca/index.cfm?uNewsID=2986>. Acesso em: 10 out. 2017.

COSTA, M. B. F. O. *Programa, conteúdo e métodos de ensino da disciplina Fundamentos de Física Moderna*. Coimbra, 2011. Disponível em:<https://estudogeral.sib.uc.pt/bitstream/10316/20657/1/Fundamentos%20de%20F%C3%ADsica%20Moderna.pdf>. Acesso em: 10 out. 2017.

CIÊNCIA HOJE NA ESCOLA. Rio de Janeiro: Sociedade Brasileira para o Progresso da Ciência, n. 3, 2006a.

_____. Rio de Janeiro: Sociedade Brasileira para o Progresso da Ciência, n. 10, 2006b.

_____. Rio de Janeiro: Sociedade Brasileira para o Progresso da Ciência, n. 12, 2006c.

DE BONI, L. A. B.; GOLDANI, E. *Introdução clássica à Química Geral*. Porto Alegre: Tchê Química Cons. Educ., 2007.

DELIZOICOV, D.; ANGOTTI, J. A.; PERNAMBUCO, M. *Ensino de Ciências*: fundamentos e métodos. São Paulo: Cortez, 2007.

DEVRIES, R; KAMII, C. *O conhecimento físico na educação pré-escolar*: implicações da teoria de Piaget. Porto Alegre: Artes Médicas, 1984.

DIAS, G. F. *40 contribuições pessoais para a sustentabilidade*. São Paulo: Gaia, 2005.

DINOSSAUROS. Trad. Marcelo Trotta. São Paulo: Ática, 2009. (Série Atlas Visuais).

EL-HANI, C. N.; VIDEIRA, A. A. P. *O que é vida? Para entender a biologia do século XXI*. Rio de Janeiro: Relume-Dumará; Faperj, 2000.

ESPINOZA, A. M. *Ciências na escola*: novas perspectivas para a formação dos alunos. São Paulo: Ática, 2010.

ESPOSITO, B. P. *Química em casa*: Projeto Ciência. 4. ed. São Paulo: Atual, 2016.

FARIA, Ivan Dutra; MONLEVADE, João Antônio Cabral. Módulo 12: higiene, segurança e educação. In: BRASIL. Ministério da Educação. Secretaria de Educação Básica. *Higiene e segurança nas escolas*. Brasília: Universidade de Brasília, 2008.

FARIA, R. P. *Fundamentos de Astronomia*. Campinas: Papirus, 2001.

GROTZINGER J.; JORDAN T. *Para entender a Terra*. 6. ed. Porto Alegre: Bookman, 2013.

GUERIN, N.; ISERNHAGEN, I. *Plantar, criar e conservar*: unindo produtividade e meio ambiente. São Paulo: Instituto Socioambiental, 2013.

HOFFMANN, J. *Avaliação, mito e desafio*: uma perspectiva construtivista. Porto Alegre: Mediação, 2011.

KRASILCHIK, M.; MARANDINO, M. *Ensino de Ciências e cidadania*. São Paulo: Moderna, 2007.

LEITE, H. F. *Energia e Natureza*. São Paulo: Moderna, 1993. (Coleção Viramundo).

LIMA, V. C.; LIMA, M. R.; MELO, W. F. *O solo no meio ambiente*: abordagem para professores do Ensino Fundamental e Médio e alunos do Ensino Médio. Curitiba: Dep. de Solos e Eng. Agr., 2007.

LLOYD, C. *O que aconteceu na Terra?* Rio de Janeiro: Intrínseca, 2011.

MARGULIS, L.; SCHWARTZ, K. V. *Cinco reinos*: um guia ilustrado dos filos da vida. Rio de Janeiro: Guanabara Koogan, 2001.

NIGRO, R. G. *Ciências*: soluções para dez desafios do professor. 1º ao 3º ano do Ensino Fundamental. São Paulo: Ática, 2011.

POUGH, J. H.; JANIS C. M.; HEISER, J. B. *A vida dos vertebrados*. São Paulo: Atheneu, 2008.

QUÍMICA no dia a dia. *Ciência Hoje na Escola*, Rio de Janeiro: SBPC, v. 6, 1998.

RAVEN, P. H. *Biologia vegetal*. Rio de Janeiro: Guanabara Koogan, 2007.

RIOS, E. P. *Água, vida e energia*. São Paulo: Atual Editora, 2004. (Projeto Ciência).

RUPPERT, E. E.; FOX, R. S.; BARNES, R. D. *Zoologia dos invertebrados*. São Paulo: Roca, 2007.

SILVEIRA, Ghisleine T.; EDNIR, Madza. *Almanaque da Água*. Sabesp: [s.l.], 2008.

SOBOTTA, J. *Atlas de anatomia humana*. 23. ed. Rio de Janeiro: Guanabara Koogan, 2013.

SOCIEDADE BRASILEIRA DE ANATOMIA. *Terminologia anatômica*. Barueri: Manole, 2001.

STORER, T. I.; USINGER, R. L. *Zoologia geral*. São Paulo: Nacional, 2003.

TEIXEIRA, W. et al. *Decifrando a Terra*. São Paulo: Oficina de Textos, 2000.

TOWNSEND, C. R.; BEGON, M.; HARPER, J. L. *Fundamentos em Ecologia*. 3. ed. Porto Alegre: Artmed, 2010.

TUNDISI, H. S. F. *Usos de energia sistemas, fontes e alternativas*: do fogo aos gradientes de temperatura oceânicos. 14 ed. São Paulo: Atual Editora, 2002.

WEISSMANN, H. (Org.). *Didática das ciências naturais*: contribuição e reflexão. Porto Alegre: Artmed, 1998.

ZANELA, C. *Fisiologia humana*. Rio de Janeiro: Seses, 2015.

Material complementar

Unidade 1 – página 18

Ilustração de _____ 2º ano _____

TÁ NA HORA DE DORMIR

A NOITE TODA ESTRELADA
COBRE O QUINTAL PERFUMADO
EM QUE A CIGARRA E O GRILO
DERRAMAM UM SOM ENCANTADO.

E NESSE JARDIM TÃO CHEIROSO
DE ROSAS, LIMÕES E JACINTOS
NEM PARECE QUE SE AGITAM
TANTOS BICHINHOS FAMINTOS.

A ÁGUIA VOLTOU PARA A FLORESTA.
O GATO VOLTOU PARA O VIZINHO.
E O MENINO VAI PARA A CAMA,
ABRAÇADO EM SEU URSINHO.
AMANHÃ TEM MAIS!

MIRNA PINSK. TÁ NA HORA DE DORMIR. IN: *UM ZOOLÓGICO NO MEU JARDIM*. SÃO PAULO: FORMATO EDITORIAL, 2009. P. 15.

Material complementar
Unidade 1 – página 20

Cuidado ao manusear a tesoura.

Legenda

recortar

127